コツコツ学ぶ

ICTベーシック 2017

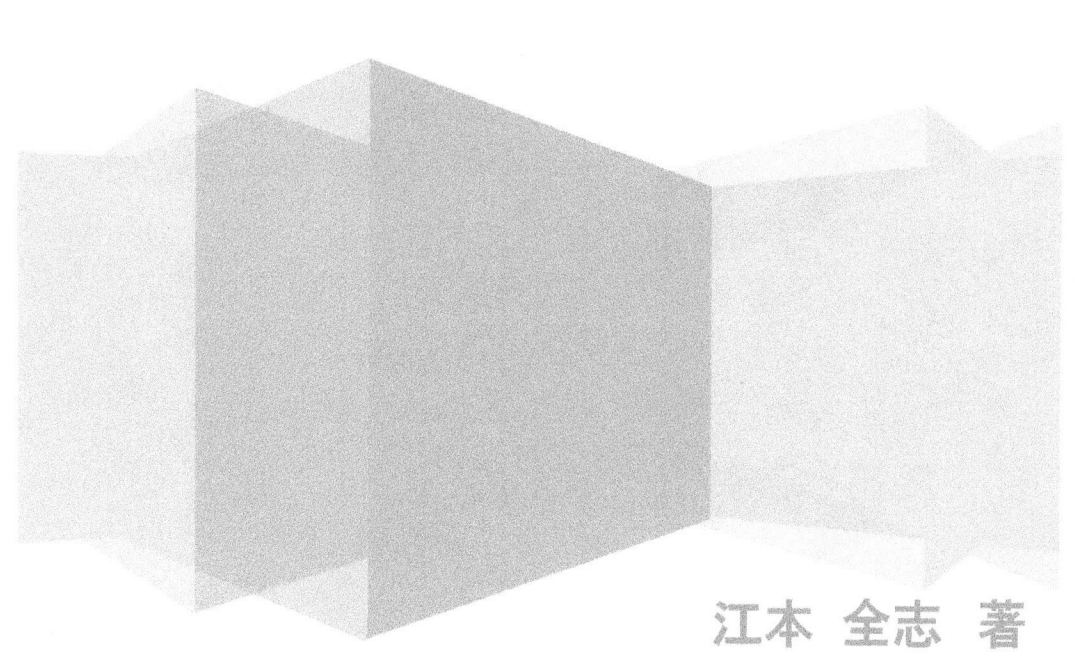

江本 全志 著

はしがき

この本は、大学の情報科目の授業で私が作成し配布した資料をまとめたもので、教科書として使用するために作成しました。Windows の基本操作、ワード、エクセル、パワーポイントなどを学習できます。授業を履修している学生のみならず、パソコン初心者の方に役立って頂けたら幸いです。

また、この本で使用するパソコンのデータファイルは提供していません。授業でのみ配布します。私の授業を履修していない方は、この本のいくつかの項目は行なえないかと思いますが、ご了承下さい。

2017 年 3 月

江本 全志

目 次

第1章　ICT ベーシックⅠ
（春学期）

第 1 回　イントロダクション

授業内容の紹介、次回からの授業の準備、スキルチェックなどを行ないます。

✎ ICT ベーシック I（春学期）の授業内容

- コンピュータの基本操作
- 画像の加工
- 明治大学の ICT 環境
- インターネット

- ワード：時間割表の作成
- エクセル：家計簿の作成、診断シートの作成
- パワーポイント：クイズ作成、大学紹介作成
- 情報に関する講義など

✎ 成績について

- 平常点　　　　　50%　　（授業への参加度や貢献度、授業中の態度など）
- 課題レポート　　50%　　（課題の出来や課題の取り組み状況など）

- 定期試験は行ないません。
- 欠席、遅刻は平常点を減点します。
- 公欠・病欠は成績評価をする際に考慮します。ただし、公欠・病欠を含め、欠席数が多い場合は考慮しません。後日 Oh-o!Meiji に公欠・病欠などを書き込む所を用意します。

✎ 出欠の取り方

- 教卓のパソコンにある出席管理ソフトで自動的に出席を取ります。

✎ 授業用のフォルダの作成

- デスクトップの「MyDocs (X)」：　個人のデータ保存領域　300MB

- 「MyDocs」を開き、ここに「ICT ベーシック I」というフォルダを作成します。
- フォルダの白いところで「右ボタン」→「新規作成」→「フォルダー」をクリックし、フォルダの名前を「ICT ベーシック I」にしましょう。
- この授業で作成するファイルはこのフォルダに保存します。

✎ スキルチェック

- Oh-o! Meiji の「アンケート」→「スキルチェック」を行ないましょう。

✎ ICT ベーシック I（春学期）の課題

🔍 以下の 4 つの課題を出す予定です。（以下はサンプルです。）

【1】　画像の加工

▫ Photoshop で画像のいらない所を消します。

 →

【2】　時間割表（ワード）

【3】　診断シート（エクセル）

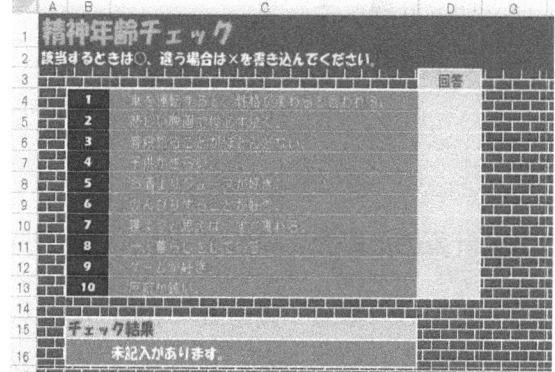

【4】　大学紹介（パワーポイント）

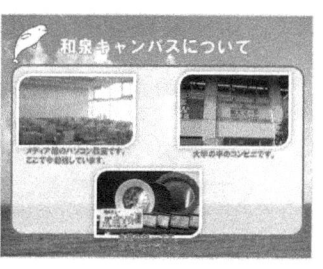

3

第 2 回　コンピュータの仕組み

コンピュータの仕組みについての講義を行ないます。

コンピュータとは？

- 「プログラムに従って演算を行なう機械」のことを言います。
- プログラムとは、コンピュータに行なわせる処理を記述したものです。
- パソコン、スーパーコンピュータ、マイコンなど。

コンピュータの特徴

- 正確に繰り返しの作業を行なえます。
- 速く計算できます。
- 一度覚えたことはいつまでも記憶しておけます。

コンピュータの進化

- 計算のための道具：そろばん（紀元前 不明）、計算尺（1630 年頃 オートレット）

- 動力式計算機：歯車式（1642 年 パスカル）、パンチカード式織機（1804 年 ジャカール）、解析機関（1834 年 バベッジ）、集計機（1887 年 ホレリス）、MarkI （1944 年 エイケン）

- 電子計算機：プログラム内蔵方式（1945 年 フォン・ノイマン）2 進法、プログラム内蔵、命令に従って逐次処理という特徴、ENIAC（1946 年 エッカート、モークリー）最初の電子計算機、EDSAC（1949 年 ウィルクス）最初のノイマン式コンピュータ。

- 真空管：自由に電流を制御します。
  1947 年、真空管より小さく高性能なトランジスタが開発されました。
  その後、トランジスタは進化し、IC（集積回路）、LSI（大規模集積回路）、VLSI（超大規模集積回路）へとなっていきます。

- 今後のコンピュータ：ユビキタス・コンピューティング、非ノイマン式、バイオコンピュータ 、量子コンピュータ、超並列分散マシン、人工知能

コンピュータの構成要素（5つの機能と装置）

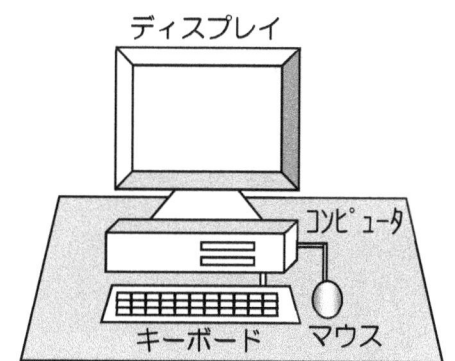

- 演算装置・制御装置:
  他の装置とのデータのやり取りをします。
  上2つをまとめて、
  CPU（中央処理装置）と呼びます。
- 記憶装置: メモリ、ハードディスク、
  　　　　　フロッピー、CD、MO など
- 入力装置: キーボード、マウスなど
- 出力装置: ディスプレイ、プリンタなど

ハードウェアとソフトウェア

- ハードウェア：機械のこと。コンピュータ本体、ディスプレイ、プリンタ等
- ソフトウェア：ハードウェアを操作するもの　（プログラム）
  - 基本ソフトウェア　（OS：オペレーティングシステム）
  - 応用ソフトウェア　（アプリケーション）

プログラムとアルゴリズム

- プログラム：　コンピュータに行なわせる処理を記述したもの。
- アルゴリズム：　処理手順
- 高級言語と機械言語

 高級言語 コンパイル（翻訳）  機械語 実行

人間が理解できる形　　　　　機械が理解できる形
C 言語、Java、Visual Basic など　　0,1 のみで書かれています。

プログラミング言語の種類

- 第1世代言語（低級言語）：機械語
- 第2世代言語（低級言語）：アセンブリ言語
- 第3世代言語（高級言語）：C 言語、Java、Visual Basic、FORTRAN、C++、Perl、PHP、JavaScript、SQL、COBOL、LISP、Pascal　など
- 第4世代言語（高級言語）：対話形式で開発ができるプログラミング言語。

第 2 回　コンピュータの基本操作

文字の入力、ショートカットキー、スクリーンショットなどを学びます。

✎ Windows の画面の構成

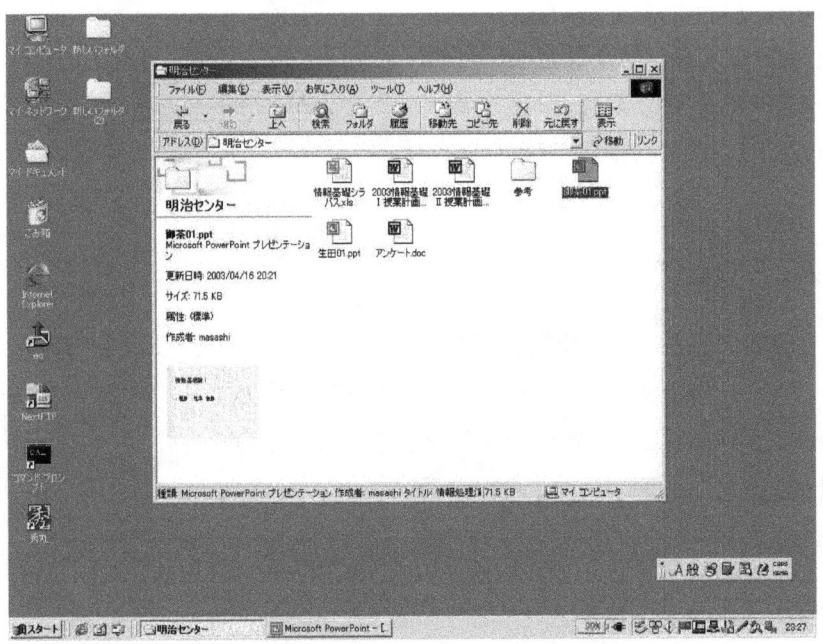

- デスクトップ、ウィンドウ、アイコン、フォルダ
- タスクバー、メニューバー、リボン
- ウィンドウの右上の3つのボタン

✎ マウス操作

- クリック　と　ダブルクリック
- ドラッグ　アンド　ドロップ
- 左ボタン　と　右ボタン

✎ 起動、ログイン、ログオフ、再起動、シャットダウン

- 起動：　　　　　コンピュータを立ち上げる。
- ログイン：　　　ユーザ名、パスワードを入れて、コンピュータに入ること。
- ログオフ：　　　コンピュータから抜ける。コンピュータの電源は落ちない。
- 再起動：　　　　コンピュータの電源を落として、起動する。
- シャットダウン：　コンピュータの電源を落とす。

6

✎ フォルダの操作

- 🔍 フォルダとは、ファイルなどを入れる箱のようなもの。
- 🔍 新規作成：　「右ボタン」→「新規作成」→「フォルダ」
- 🔍 名前変更、移動、コピー、削除

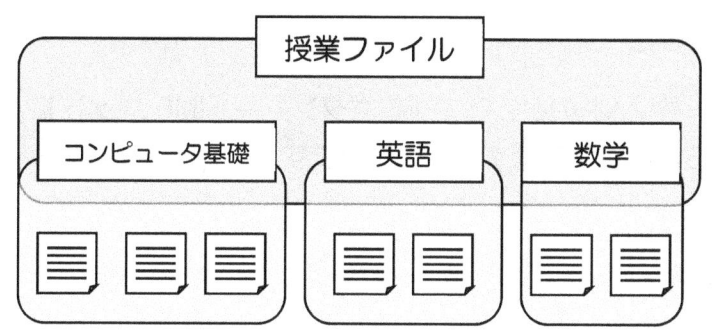

✎ 文字入力、各種文字の使用

- 🔍 Shift キー　（シフトキー）　　　大文字のアルファベット、記号など。
- 🔍 Space キー　（スペースキー）　空白、漢字変換など。
- 🔍 Enter キー　（エンターキー）　確定、改行など。
- 🔍 Delete キー　（デリートキー）　削除。カーソルの後が消えます。
- 🔍 Backspace キー　（バックスペースキー）　削除。カーソルの前が消えます。

- 🔍 日本語は、ローマ字打ちで打ちます。
- 🔍 Shift キーを押しながらキーを押すと、
  アルファベットは大文字、別な所は違う記号が出ます。
- 🔍 テンキー：　キーボードの右側の電卓みたいなもの。
- 🔍 小さいひらがな：　xi　→　ぃ　　　　pya　→　ぴゃ

✎ 記号の出し方

- 🔍 おんぷ　→　♪　　　　まる　→　。　　　　ほし　→　☆
  ゆうびん　→　〒　　　きごう　→　±　μ　℡　≦　㌘　・・・

✎ 顔文字の出し方

- 🔍 にこにこ → (*^_^*)　　しくしく → (T_T)　　うるとらまん → (o|o)
  かお　→　(●^o^●)　　(＾◇＾)　(@^^)/~~~　・・・

🖊 単語の登録

- 🔍 右下の「あ」や「A」のところで「右ボタン」→「単語の登録」。
- 🔍 自分の名前などよく使う単語を変換ですぐ出せるようにできます。

🖊 IME パッドの手書き

- 🔍 右下の「あ」や「A」のところで「右ボタン」→「IME パッド」。
- 🔍 読みが分からない漢字を探すときに使います。

🖊 ショートカットキー

- 🔍 Ctrl キーを押しながら C　：　コピー
- 🔍 Ctrl キーを押しながら X　：　切り取り
- 🔍 Ctrl キーを押しながら V　：　貼り付け
- 🔍 Ctrl キーを押しながら S　：　上書き保存
- 🔍 Ctrl キーを押しながら A　：　すべて選択
- 🔍 Ctrl キーを押しながら Z　：　1 つ戻る
- 🔍 Ctrl キーを押しながら W　：　ウィンドウを閉じる
- 🔍 Shift キーを押しながら 矢印キー　：　選択範囲を変える。

🖊 マウスを使わず、キーボードだけで操作

- 🔍 ⊞ キーを押し、矢印キーと Enter キーで、ワードを起動します。
- 🔍 半角／全角キーで全角にし、「こんにちは」と入力しましょう。
- 🔍 Ctrl + S で、保存をするためのウィンドウを開きます。
- 🔍 Tab キーまたは Shift + Tab で、保存するフォルダをしている箇所に移動し、矢印キーと Enter キーで、保存したいフォルダに移動しましょう。
- 🔍 Tab キーまたは Shift + Tab で、ファイル名の箇所に移動し、「練習」という名前に変えましょう。そして、Enter キーを押して、保存します。
- 🔍 Alt + F4 で、ワードを終了しましょう。

◢ 日本語以外の言語の文字

　◌ 大学のパソコンには、いくつかの言語が使えるようになっています。

　◌ 右下の 🌐 をクリックし、使いたい言語を選びましょう。

◢ スクリーンキーボード

　◌ キーボード左下の方の ⊞ キーを押しながら、U キーをクリックすると、「コンピュータの簡単操作センター」が表示され、その中の「スクリーンキーボード」（または「キーボード」）をクリックすると、キーボードの配置を見ることができます。

◢ キー入力で困ったとき

　◌ テンキーが使えない場合：　numlock キーを押す。

　◌ 文字を書くと上書きされてしまう場合：　Insert キーを押す。

　◌ 文字が大文字になってしまう場合：　Shift キー押しながら、Capslock キーを押す。

◢ 画面の切り取り（スクリーンショット）

ここでは、2 つの方法を紹介します。

　◌ Snipping Tool

　　▩ 最近の Windows には標準で搭載されているツールです。

　　▩ 「新規作成」をクリックし、ﾄﾞﾗｯｸﾞ &ﾄﾞﾛｯﾌﾟ で切り取りたい所を選択します。

　◌ プリントスクリーン

　　▩ キーボードの Print Screen キーを押すと、画面全体がコピーされます。

　　▩ ペイントなどのソフトを起動し、貼り付けをしましょう。

第 2 回　Photoshop の使い方・絵の描き方

Photoshop で絵を作ります。時間割表に入れる絵を描いてみましょう。

✎ Photoshop を起動します。

　🔍 左下の ⊞ →「すべてのプログラム」→「Adobe」→「Adobe Photoshop CS6」
　　　をクリックします。

✎ キャンバスの作成

　🔍 「ファイル」→「新規」をクリックし、以下の設定にします。

　🔍 幅の単位を「pixel」にし、　　「幅」： 300 pixel　　「高さ」： 300 pixel
　　　「カラーモード」： RGB カラー　　「カンバス スカラー」：透明　　にしましょう。

✎ ツールについて

　🔍 ブラシツール 🖌　　鉛筆ツール ✏（🖌を長押し）
　　　▪ 上部の [1] で線の太さを変えることができます。

　🔍 消しゴムツール 🩹　　色を消す時に使います。

　🔍 塗りつぶしツール 🪣（▭を長押し）
　　　▪ 囲まれた領域内を塗りつぶす時に使います。

　🔍 戻る　Ctrl + Alt + z

　🔍 色の変え方 ▣
　　　▪ 左下にある上記の黒のところをクリックすると、色を変えることができます。
　　　▪ ↴ をクリックすると、上と下の色を変えることができます。

　🔍 長方形選択ツール ▢　　楕円形選択ツール ◯（▢を長押し）
　　　▪ 長方形や円の形に選択できます。

　🔍 移動ツール ▸╋
　　　▪ 画像を移動することができます。選択ツールで選択すれば、一部の画像を移動
　　　　することも可能です。また、画像を傾けたり回転させたりすることもできます。

　🔍 スポイトツール 🖋
　　　▪ 一度使った色をもう一度使いたい時に使います。クリックで色が取れます。

✎ 保存

　🔍 「ファイル」→「保存」で授業用フォルダを選び、保存しましょう。

第 3 回　画像の加工

Photoshop で画像の加工をします。

✎ 画像ファイルを開きましょう。

　◌ 加工したい画像を保存し、そのファイルの上で「右ボタン」→「プログラムから開く」→「Adobe Photoshop CS6」で開きましょう。

　◌ 右下のレイヤーのところで 背景　　　　　🔒 のように鍵のマークがある場合は、鍵のマークの上でダブルクリックして、出てきたウィンドウを OK しましょう。ダブルクリックしても何も出てこない場合は、「イメージ」→「モード」→「RGB カラー」にしましょう。

✎ いらないところを消しましょう。

　◌ なげなわツール 🔵 ：　必要なところを囲い、「選択範囲」→「選択範囲を反転」し、Delete キーで周りを削除できます。

　◌ 自動選択ツール 🪄 （ 🖌 を長押し）：　クリックしたところと同じ色のところを自動的に選択することができます。そして Delete キーで削除できます。上部の「許容値」の数値を、増やすと選択範囲を広くでき、減らすと狭くなります。

　◌ 消しゴムツール 🧽 ：　消すことができます。上部の「モード」を「鉛筆」にして行ないましょう。

 →

✎ 保存しましょう。「ファイル」→「保存」

✎ 課題：　【1】　画像の加工

　◌ 時間割表に入れたい画像を2つ探し、その2つの画像のいらない所を消しましょう。

　◌ その2つのファイルを Oh-o! Meiji に提出しましょう。

第 3 回　明治大学の ICT 環境

Oh-o! Meiji と MeijiMail の使い方を学習します。

明治大学の ICT 環境

- Oh-o! Meiji：　明治大学の教育・学習活動を支援するシステム
- Meiji Mail：　明治大学のメールシステム

アカウントについて

- http://www.meiji.ac.jp/wsys/account/index.html

- 共通認証システムアカウント
  - パソコンの認証、Oh-o! Meiji、無線 LAN 接続、VPN 接続、モバイル情報コンセント接続、図書館オンラインサービス、証明書自動発行機
  - ID：

- Meiji Mail アカウント
  - ID：　　　　　　　　　@meiji.ac.jp
  - メールの容量：　1 人 50GB まで。

- 基盤サービス利用アカウント
  - ホームページ公開、FTP、telnet
  - ID：

Oh-o! Meiji（明治大学の学習支援システム）

- https://oh-o2.meiji.ac.jp/portal/index

- レポート機能の使い方
- ポータル機能。お知らせ転送設定。
  - 右上の「個人設定」→「転送先メールアドレス 1」にメールアドレスを入力し、「確認画面に進む」→「登録する」をクリックします。
- アンケート
- 授業内容・資料

MeijiMail（明治大学のメールシステム）

- http://outlook.office365.com/

- メールの形式について
  - To（宛先）
  - Cc：Carbon Copy　同じメールのコピーを送っておきたい相手がいる場合に使います。
  - Bcc：Blind Carbon Copy　目的は Cc と同様。メールにメールアドレスが記載されない。
  - Subject（件名）　本文

- テーマの変更：　⚙️ →「テーマの変更」
- メールの転送：　⚙️ →「オプション」→「メール」→「アカウント」→「転送」

- メールのマナー
  - 件名はわかりやすく書きましょう。
  - 自分の名前・所属をちゃんと書きましょう。
    署名の作成：　⚙️ →「オプション」→「メール」→「レイアウト」→「メールの署名」

- 添付ファイルの付け方
  - 「新規作成」→「挿入」→「添付ファイル」
  - 何かファイルを自分自身に送ってみましょう。サイズに注意しましょう。

マイクロソフト EES

- 明治大学はマイクロソフトと教育機関向けライセンスプログラムを締結しているので、学生は個人のパソコン 1 人 1 台まで Windows や Office を無料でインストールできます。
  - Windows（アップグレードライセンス）
  - Office（ワード、エクセル、パワーポイントなどが入っています。）
  - Visual Studio（プログラミングするためのソフト）

  使用条件がありますので、以下のサイトで詳細を確認してください。
  - http://www.meiji.ac.jp/isc/msca/ees_top.html

その他

- ＭＩＮＤ講習会：　学内ルールがあることを知る。
- 情報関連講習会、図書館、教室のプリンターとオープンプリンター
- VPN 接続：自宅から MIND へ接続。モバイル情報コンセント、学内の無線 LAN
- アップル・オン・キャンパス：アップルの一部の製品が数パーセント引き

第 4 回　ノートパソコン購入の参考

ノートパソコンを買うときの参考にしてください。

✎ パソコンのスペックについて

◎ 画面の大きさ

- モバイルサイズ　　　11 インチ以下
  持ち運びしやすい。しかし、性能が低い、画面が小さく操作しづらい。

- B5 サイズ　　　　　12〜14 インチ
  家でも外でも使いたい人向け。

- A4 サイズ　　　　　15 インチ以上
  家だけで使う人向け。画面が大きく見やすいが、重たいので持ち運びが大変。

◎ CPU　（ここではインテルの CPU について紹介）

- Xeon　　　　　　企業向け・高価格
- Core i7　　　　　高機能・高価格　　　　Core 2 Quad の後継
- Core i5　　　　　一般向け・高機能　　　Core 2 Duo の後継
- Core i3　　　　　価格・性能とも標準　　Core i5 の廉価（れんか）版
- Pentium　　　　　性能低い・以前の主流
- Celeron　　　　　性能低い・Pentium の廉価版
- Atom　　　　　　性能低い・消費電力が少ない

- インテルの CPU とは別に、AMD の CPU もあります。

- 大学のパソコンは、Corei5 です。
  個人的な意見としては、Corei3 以上が良いと思います。

◎ メモリ

- 16GB　　　　　負荷の高い作業向き。高性能パソコンに見られる容量。
- 8GB　　　　　　多くのノートパソコンに見られる容量。
  Office ソフト、画像処理など、普通の作業向き。
- 4GB　　　　　　価格が安いノートパソコンに見られる容量。

- ハードディスク
  - 200GB 以上あれば、十分だと思います。
  - データのバックアップを考えると、容量が大きいのも考えものです。
    足りない場合は USB ハードディスク等といった外部記憶装置を使用しましょう。

- SSD
  - ハードディスクより処理速度が速い。
  - 価格が高い。動作音が無音。
  - 最近は価格が安くなってきています。

🖊 パソコンのメーカー

日本のメーカー

NEC
（LAVIE）

富士通
（FMV）

パナソニック
（Let's NOTE）

SONY
（VAIO 現在別会社）

東　芝
（dynabook）

アメリカのメーカー

Dell
デル

HP
ヒューレット
パッカード

Apple
（Macbook）

台湾・中国のメーカー

ASUS
エイスース

Lenovo
レノボ
（ThinkPad）

Gateway
ゲートウェイ

サポートがちょっと心配。

BTO 系（Build to Order ・ 受注生産）

マウスコンピューター

FRONTIER
ドスパラ
パソコン工房
TSUKUMO

エプソンダイレクト

カスタマイズできる。

🖊 ノートパソコンの価格帯　2016 年 5 月現在の価格です。

- 画面：15 インチ以上、CPU：Core i5、メモリ：8GB　　　約　8 万円～
- 画面：15 インチ以上、CPU：Core i5、メモリ：4GB　　　約　6 万円～
- 画面：15 インチ以上、CPU：Core i3、メモリ：4GB　　　約　5 万円～
- 画面：13 インチ以上、CPU：Celeron、メモリ：2GB　　　約　3 万円～

✏ 特殊なノートパソコン

🔍 ネットブック
- ネット閲覧やメールを主な用途とした安く小型なノートパソコン。
- 2 万円程度で買えます。（2016 年 5 月現在）

🔍 Chromebook
- Chrome OS を搭載したノートパソコン。
- Chrome ブラウザでアプリを使用します。

🔍 Surface Pro
- タブレット機能を兼ね備えたノートパソコン。
- 画面とキーボードを分離できます。

✏ 安い・高いには理由がある

🔍 安い
- サポート体制が悪い。
- 故障が起こった時、連絡が取りづらい、修理の対応が悪い、修理に時間がかかる、修理代が高い、保証の範囲が狭い、パーツの保有期間が短く修理不可になるなど。対策の 1 つとして、家電量販店などの保証に入る。
- 作りが貧弱。デザインが良くない。重い。

🔍 高い
- サポートが充実。日本で作っている。
- ブランド名で高くなる。ソフトウェアがいろいろ入っている。
- 高機能。スペックが良い。

第４回　インターネット

インターネットの仕組み、歴史、危険性と対策などについて学びます。

インターネットの仕組み

- インターネット：　LAN を相互接続した広域ネットワーク
  - 「ネットワークのネットワーク」と呼ばれています。

- ファイアウォール：　内部ネットワークを守ります。
  - WWW サーバ、メールサーバ、DNS サーバ、プロキシサーバなど。

- インターネットの通信方式
  - インターネットは、TCP/IP という通信規約を用いて通信しています。
  - TCP/IP は通信データをパケットという単位に分割し通信する方式です。
    これにより１本の回線の中を多数の利用者が同時に使用することができます。

- インターネットに接続されたコンピュータの数
  - 1994 年 100 万台、2006 年 4 億台、2015 年 10 億台

インターネットの歴史

- 軍事研究：分散型コンピュータネットワークの研究（1969 年 ARPAnet アメリカ）
  一部のネットワークが攻撃されても、ネットワーク全体は機能するように。

- 学術研究：　その後、軍事目的から切り離され、学術研究用ネットワークに接続され、今のインターネットの原型となりました。

- 商用利用：　1990 年代になり商用でインターネットが使われるようになり、またWWW技術の出現により、爆発的に利用されるようになりました。

- 日本では、1984 年に東京工業大学、慶応大学、東京大学が実験ネットワークである「JUNET」を開始しました。

🖊 インターネットの危険性

- 盗聴、改ざん、なりすまし、攻撃、ウイルス

- ウイルスの種類：　ファイル感染型、マクロ、ブートセクタ感染型、複合感染型、メモリ常駐型、トロイの木馬型、スクリプト型、デマ

- ウイルスに感染すると、自分のデータが消える可能性や、外部に流出する可能性があります。

- 鍵無しの無線 LAN
    - 公共の無線 LAN など。データが暗号化されていないので、盗聴される可能性があります。盗聴されて困るような通信はしないようにしましょう。例えば、オンラインバンキングなど。

- 外部サービスの使用の危険性
    - メール、クラウドサービスなど。ネット上に置かれるファイルは、誰かに見られる可能性は 0 ではないです。Google の規約ではクラウドサービス上に置かれたファイルは Google が自由に使ってよいということになっています。

🖊 対 策

- パソコンのセキュリティ対策
    - 修正プログラムの適用
      Windows Update をする。「スタート」（左下のボタン）→「設定」→「コントロールパネル」→「Windows Update」
    - オンラインウイルスチェック、Windows Defender

- セキュリティ対策をしているブラウザへの変更

    - Google Chrome：速度とセキュリティに力を入れています。更新頻度が高く、セキュリティエンジニアがいたり、脆弱性の発見に賞金を出したりしています。Cookie のアクセス履歴などの個人情報は Google に送信されています。

    - Firefox：セキュリティホールが少ないです。セキュリティ性能はブラウザの中でおそらく 1 番です。更新頻度が高いです。

    - Opera：シェアが低いので、狙われにくいです。

    - IE：シェアが高いので、狙われやすいです。

    ブラウザはソフトウェアであるので、どのブラウザでも脆弱性は存在します。

パスワード管理

- パスワードは厳重に管理しましょう。
- パスワードは長くし、定期的に変えましょう。
- ID・パスワードを管理するソフト　ID Manager
  http://www.vector.co.jp/soft/win95/util/se178553.html
  パスワードをランダムに生成する機能があり、便利です。

データ管理

- バックアップは定期的に行ないましょう。
  ウイルスなどでデータが破壊される場合があります。
- 重要な情報はネットワーク上（クラウドなど）に置かないようにしましょう。
  容易にパソコンから切り離せるポータブルハードディスクなどを活用しましょう。

対策：その他

- 携帯電話、スマートフォンの置き忘れに注意しましょう。
- 常に疑う努力をしましょう。

第 4 回　Google のサービス

Google のサービスの Gmail、Chrome ブラウザ、Google ドライブについて学びます。

Gmail

- 15GB まで使用できる Google のメールシステムです。

- Google アカウントは以下のページで取得できます。無料です。
  - https://accounts.google.com/SignUp

- ラベル機能
  - ⚙▾ → 設定 → ラベル → 新しいラベルを作成

- フィルタでの振り分け
  - ⚙▾ → 設定 → フィルタとブロック中のアドレス → 新しいフィルタを作成

- ToDo リスト：　左上の「Gmail」→ToDo リスト

- テーマの変更：　⚙▾ → テーマ

- 迷惑メールを報告
  - 迷惑メールにチェックを入れる → ⓘ をクリック。

- メールの検索：　上部の検索

- エイリアス（別名アドレス）

  - 取得したアドレス以外に、以下のルールで別のアドレスも使用できます。サイト登録ごとに違うメールアドレスを使用することが出来ます。

  例として、取得したアドレスを、sample@gmail.com　とします。

  - ユーザ名＋任意の文字列：　sample+shop1@ gmail.com

  - ドットの追加：　sa.m.ple@gmail.com
    （ただし、ドットの連続、@の直前のドットはできません。）

  - 大文字：　SaMple@gmail.com

  - ooglemail.com ドメイン：　sample@googlemail.com

✏️ Chrome ブラウザ

  🔍 ブックマーク機能
- フォルダの作成：　上部のバーのところで、右ボタン → フォルダを追加。
- ブックマーク登録：　ページを開き、☆をクリックし、フォルダを選択。
- ブックマーク削除：　☆をクリックし、削除。
- 同期機能

  🔍 拡張機能

- ☰ → その他のツール → 拡張機能 → 他の拡張機能を見る

- 何か使ってみましょう。
例：「その本、図書館にあります。」、「Autocomplete = on」、「Google Mail Checker」、「地震速報」、「Amazon.co.jp のほしい物リストに追加」、「ソーシャルゲームビューア」など。

  🔍 履歴機能　　☰ → 履歴

  🔍 タブを閉じる：　　　　Ctrl-w
  🔍 ページ内の検索：　　　Ctrl-f

  🔍 検索（2 つの方法）
- 文字を選択して、右ボタン→Google で検索。
- アドレスのところに直接、検索キーワードを書き込む。

✏️ Google ドライブ

  🔍 Google のトップページ → ⊞ → ドライブ

  🔍 文書（ワードみたいなもの）、スプレッドシート（エクセルみたいなもの）、プレゼンテーション（パワーポイントみたいなもの）などが使用できます。

  🔍 圧縮ファイルや画像ファイルなども、ドラッグ＆ドロップで移動できます。

  🔍 ファイルの共有や共同編集
- 共有したいファイルにチェックを入れる。 → 👤＋ → 招待に共有したい人のメールアドレスを入れる。 → 共有して保存

第 4 回　インターネットでできること

インターネットで得られる便利なツールやページなどを紹介します。

🖊 「インターネットでできること」のページを開きましょう。

  🔍 http://local.isc.meiji.ac.jp/~masashi/　→　「インターネットでできること」
    このページは学内からのみアクセス可能です。

🖊 コミュニケーション

  🔍 E-mail：　無料メール（Gmail、Yahoo メールなど）、大学のメール、
        プロバイダのメール、携帯電話のメールなど。
  🔍 SNS：　Facebook、Twitter、Instagram、Google+、Mixi、Gree

🖊 情報収集

  🔍 口コミサイト：　価格コム、食べログ、フォートラベル、楽天
  🔍 How To もの：　とほほの WWW 入門など、いろいろな分野の教科書的サイトが存在します。
  🔍 Yahoo や Google のサービス：　普通の検索、画像の検索、動画 Youtube、
    Google ブック検索、地図、ストリートビュー、Google ドキュメント
  🔍 旅行：　Yahoo 路線、JAL、ANA、アドバンストラベル、楽天トラベル、アップル
    ワールド、フォートラベル
  🔍 グルメ：　食べログ、ぐるなび、クックパッド、味の素のレシピ、IKUKO の食べ放
    題大好き、食べ放題図鑑くすみれ草 201

  🔍 Q&A サイト（いろいろな質問と回答が載っているサイト）　はてな、OK Wave、Yahoo 知恵袋

  🔍 無料で使える画像提供サイト
    ▫ 牛飼いとアイコンの部屋、OOXX ROOM、素材のプチッチ、いらすとや、ヒバ
    ナ、ソザイヤ POMO、School Icons CLUB、超シンプル素材集、Junko's School、
    素材屋じゅん、自然の素材集、素材の小路、かもみ～る、LITTLE HOUSE、
    COLORFUL＊EGGS、シルエットデザイン、EyesPic
    ▫ 写真素材 足成：　http://www.ashinari.com/

  🔍 その他
    ▫ インターネットアーカイブ：　http://www.archive.org
    過去のホームページが見られます。海外のページ。

✎ 便利ツール

- 🔍 百科事典サイト：　WikiPedia
- 🔍 辞書・翻訳サイト：　Yahoo 辞書、Yahoo 翻訳、Google 翻訳
- 🔍 タイピング練習
  - ▪ 寿司打：　http://typing.sakura.ne.jp/sushida/
  - ▪ e-typing：　http://www.e-typing.ne.jp/roma/check/
- 🔍 ウイルス対策
  - ▪ Windows Defender：Windows8 以降から標準装備されたセキュリティツール
  - ▪ トレンドマイクロ　オンラインスキャン

    http://safe.trendmicro.jp/products/onlinescan.aspx
  - ▪ シマンテック　セキュリティ　チェック

    https://security.symantec.com/sscv6/home.asp?langid=jp
  - ▪ ウイルス対策ソフトの一覧（フリーソフト 100）

    http://freesoft-100.com/security/antivirus.html]

✎ ソフトウェア

- 🔍 フリーウェア・シェアウェアを提供するサイト
  - ▪ Vector：　http://www.vector.co.jp/
  - ▪ 窓の杜：　http://www.forest.impress.co.jp/

    私は Vector をよく使います。
- 🔍 ホームページ作成：　FFFTP（ファイル転送ソフト）、Tera Term Pro（Telnet ソフト）
- 🔍 マルチメディア
  - ▪ PictBear：　http://www.fenrir-inc.com/jp/pictbear/

    フリーウェアのペイントソフト。無料で使えます。アニメーションは作れませんが、Photoshop と同じ機能が多く使えます。
  - ▪ AviUtl：　http://spring-fragrance.mints.ne.jp/aviutl/　フリーの動画編集ソフト
  - ▪ Blender：https://blender.jp/ フリーの３Dコンピュータグラフィック作成ソフト。
  - ▪ ミノ式 MIDI シーケンサ（フリーの音楽作成ソフト）、Finale NotePad（無料の楽譜作成ソフト）、SketchUp（フリーの３Dコンピュータグラフィック作成ソフト）、OpenToonz（２Dアニメーション作成ソフト。ジブリの映画で使われている。）、Parafla（フリーの Flash 作成ソフト）、Jing（画面の動きを記憶するソフト。海外のソフト）、Snipping Tool（画面を切り取るソフト。最近の Windows に標準でインストール）、Microsoft Expression Encoder 4 Screen Capture（画面の動きを記憶するソフト）

- ブラウザ：　Google Chrome、Firefox

- その他：　eo（解凍するためのソフト。簡単に解凍できます。）、秀丸エディタ、TeraPad（テキストエディタ。メモ帳より高機能です。文字コードの変換ができます。）、ID Manager（ID、パスワードを管理してくれるソフト）

- プログラミング

  - Eclipse：　Java などのプログラミングができる開発環境。
    日本語化された Eclipse のインストール：　https://mergedoc.osdn.jp/

  - Android Studio（Android アプリを開発するためのソフト）

  - Unity（スマホアプリを開発するためのソフト）

  - ディープラーニングのライブラリ：　Python の人工知能のツール。

行動

- ネットショッピング：　アマゾン、楽天、Yahoo ショッピング、価格コム、イトーヨーカドーのネットスーパー、ぐるなびデリバリー、楽天デリバリー（ネットで出前）

- 音楽・映画：　TSUTAYA DISCAS、DMM、Hulu、dTV、Netflix、AWA, LINE ミュージック、Spotify

- 本の予約：　例えば、公共の図書館。ネットで予約し、届いたらメールが来て、近くの図書館に取りに行く。

- ネットで取引（株・FX）
  - 外為どっとコム、バーチャル FX（FX の取引を体験できます。）、外為時系列 Infoseek マネー、メタトレーダー5（FX の自動売買ソフト。売買のシミュレーションや分析ができます。）
  - Stooq：　http://stooq.com/　　経済データが手に入れられるサイト。

- ネット銀行：　楽天銀行、住信 SBI ネット銀行、新生銀行

- 無料のネットスポット
  - セブンスポット、ファミマ WiFi、ローソン WiFi

情報発信

- レンタルサーバ
  - プロバイダのホームページ領域
  - 有料レンタルサーバ：　ロリポップ：　http://lolipop.jp/
    - さくらインターネット：　http://www.sakura.ne.jp/　　など
  - 自宅サーバ
  - VPS：　サーバー式を運用できるレンタルサーバ。　お名前.com など

- ブログ：　楽天ブログ、アメーバ、SeeSaa、yaplog、レンタルサーバのブログ

- ホームページ作成
  - レスポンシブ Web デザイン（パソコンにもスマフォにも対応したホームページデザイン）、jQuery、HTML5、CSS3
  - ワッフル：　http://wafl.net/　　Web API の情報を提供しているサイト。

お得・儲ける

- 懸賞：　サッポロビール、キリンビール、アサヒビール、サントリー、花王

- アンケートサイト：　マクロミル

- 覆面サイト：　ミステリーショッピングリサーチ

- アフィリエイト：　Google アドセンス、Amazon アソシエイト、楽天アフィリエイト、バリューコマース、A8、リンクシェア（自分のホームページやブログに広告を載せて儲ける。）

- 写真を売る：　フォトライブラリー

第 5~6 回 Word 時間割表の作成

ワードで時間割表を作成します。ポイントはワードアート、表、画像の貼り付けです。

✎ 設 定

- 💬 ファイルの作成
  - ■ 授業用のフォルダを開き、そのフォルダの中で「右ボタン」→「新規作成」→「Word 文書」を選び、ファイル名を「時間割表」にしましょう。

- 💬 ページ設定： 「ページレイアウト」→「ページ設定」
  - ■ 印刷の向き ： 横 （縦向きで作りたい人は「縦」のままで OK です。）
  - ■ 余白 ： 狭い
  - ■ ページ設定の右下の□をクリックし、「文字数と行数」で「標準の文字数を使う」にしましょう。
  - ■ 「表示」→「ズーム」の「1 ページ」で、ページ全体を表示しましょう。

✎ 時間割表のタイトル

- 💬 ワードアートで時間割表のタイトルを入れます。
- 💬 「挿入」→「テキスト」の「ワードアート」をクリックし、タイトルを入れましょう。「？？？の時間割」や「Time Schedule」等なんでも OK です。
- 💬 ワードアートの後ろにカーソルを持っていき、改行を 3 行程度入れましょう。

✎ 表の作成

- 💬 「挿入」→「表」で、必要なマス目分、表を作りましょう。
- 💬 表の大きさを変えます。
  - ■ 左・右・下の線の位置を変えましょう。線の上にポインタを乗っけると、上下の矢印や左右の矢印が出ます。その状態で左ボタンを押しながら移動すると線の位置を変えることができます。
- 💬 表の行や列の幅・高さを揃えます。
  - ■ すべてのマス目を選択します。
  - ■ 「表ツール」→「レイアウト」→「セルのサイズ」で、
    ⊞ 高さを揃える
    ⊞ 幅を揃える を押して、表の行と列の高さを揃えましょう。

○　マス目内の文字の位置の変更

■　「表ツール」→「レイアウト」→「配置」の 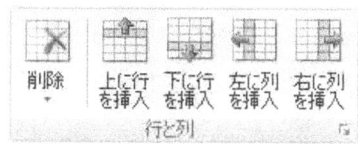 で、真ん中を選びます。

これで全てのセル内の文字が縦横とも中央になります。

○　行や列の挿入・削除

■　「表ツール」→「レイアウト」→
「行と列」でできます。

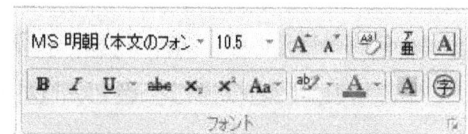

文字の入力

○　表の中に、必要な文字を入力しましょう。

■　文字の大きさ・色・フォントの種類などを変えましょう。

■　「ホーム」→「フォント」で、
文字の装飾ができます。

表の装飾

○　マス目の背景の色の変更

■　「表ツール」→「デザイン」→「表のスタイル」の 塗りつぶし で
変更できます。

○　表の線の種類や色の変更

■　「表ツール」→「デザイン」→
「罫線の作成」で変更できます。

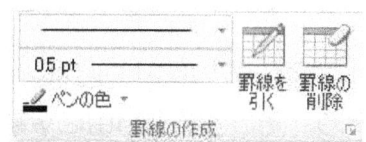

上書き保存

○　や Ctrl+S を押すと上書き保存されます。上書き保存はこまめに行ないましょう。

画像の貼り付け

○　背景を消した Photoshop の画像ファイルをダブルクリックし、
Photoshop CS6 で開きましょう。

○　背景色用のレイヤーを作ります。

■　Photoshop の右下にある 　 をクリックすると、新しいレイヤーでできます。

■　薄い灰色などの色を選び、塗りつぶしツール 　 （ 　 を長押し）を使って、
そのレイヤーを塗りつぶしましょう。

 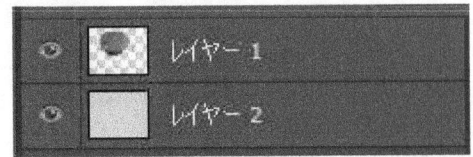

背景色用のレイヤーは、画像のあるレイヤ
ーの下にしましょう。レイヤーをドラック
&ドロップで移動できます。

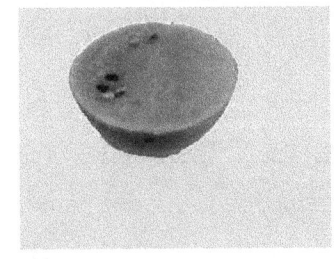

Q　ワードに画像を貼り付けます。

　　▨　Photoshop の 　　　　 で貼り付けたい箇所を選択し、「編集」→「結合部分をコ
　　　ピー」をします。

　　▨　ワードに移り、「ホーム」→「クリップボード」の「貼り付け」の▼→「形式を
　　　選択して貼り付け」をし、「図（Windows メタファイル）」を選んでOKを押し
　　　ましょう。

Q　画像の背景の透明化とレイアウト

　　▨　ワードに貼り付けた画像をダブルクリックし、上部の「色」または「色の変更」
　　　→「透明色を指定」をクリックし、画像の背景のところをクリックします。そ
　　　うするとクリックした色が透明になります。

　　▨　画像をダブルクリックし、上部の「文字列の折り返し」を「前面」にしましょ
　　　う。そうすると自由に移動することができます。

✎　背景画像の貼り付け

Q　四角形の挿入

　　▨　「挿入」→「図形」で四角形を選び、四角形を描きましょう。

Q　四角形に背景画像を表示

　　▨　四角形をダブルクリックし、「描画ツール」→「書式」→「図形の塗りつぶし」
　　　→「図」をクリックし、「Bing イメージ検索」で使いたい画像を探しましょう。

　　▨　「描画ツール」→「書式」→「図形の枠線」で「線なし」にし、四角形の周り
　　　の線を消しましょう。そして、四角形の大きさを調整しましょう。

　　▨　背景画像を薄くしたい場合は、四角形の上で「右ボタン」→「オートシェイプ
　　　の書式設定」→「色と線」の「透過性」のパーセンテージを増やしましょう。
　　　そうすると半透明になります。

- 四角形を背面に配置
  - 四角形をクリックし「描画ツール」→「書式」→「文字列の折り返し」→「背面」をしましょう。

印　刷

- 「ファイル」→「印刷」で、どのような形で印刷されるかを確認できます。
- プリンターを選び、左上の「印刷」をクリックすると、印刷されます。
- 課題の提出はファイルで行ないますので、印刷したい人だけ印刷しましょう。

サンプル

課題：　【2】　時間割表（ワード）

- 時間割表を作りましょう。
- 表の装飾、文字の装飾をし、Photoshop で背景を消した画像 2 つ以上、背景画像を入れましょう。
- 完成したワードファイルを Oh-o! Meiji で提出しましょう。

第 5~6 回　コンピュータの用語と対処

コンピュータの用語と対処をいくつか紹介します。

✏ 圧縮 と 解凍

- 圧縮：　複数のファイルを1つにまとめること。「固める」とも言います。
  - 形式： ZIP 、LZH、TAR・・・
  - 圧縮したいフォルダの上で、右ボタン→「送る」→「圧縮（zip 形式）フォルダ」をクリックすると、zip 形式のファイルができあがります。

- 解凍：　圧縮されているものを元に戻すこと。
  - 圧縮されたファイルをダブルクリックすれば、たいてい解凍されます。

✏ パソコンがフリーズしてしまった場合の対処

- パソコンの画面が動かなくなってしまうことを「フリーズ」や「固まる」と言います。

- Ctrl + Alt + Del を同時に押し、「タスクマネージャー」を選び、「プロセス」でフリーズの原因のタスクの上で「右ボタン」→「タスクの終了」をクリックします。

- これが効かない場合は、パソコン本体の電源ボタンを押しっぱなしにして、パソコンの電源を落とし、１０秒待ち、起動し直しましょう。

✏ ワードの校閲機能

- スペルチェックや文字数を数えたりできます。

- 2ch のサイトの文章をコピーしましょう。
  - Ctrl + A で文章をすべて選択しましょう。
  - Ctrl + C でコピーしましょう。
  - ワードを開き、Ctrl + V で貼り付けしましょう。

- スペルチェック・文章校正：　　「校閲」→「スペルチェックと文章校正」
  - 文章に問題があるときは、緑色の波線や赤色の波線が表示されます。
    例えば、スペルの間違い、文法の間違い、同じ文で全角・半角の違いなど。

- 文字数を知りたい場合：　　「校閲」→「文字カウント」

第 6 回　torrent ファイルの危険性

✎ torrent ファイルとは何か？

   💬 BitTorrent というソフトでやりとりされるファイルです。

✎ BitTorrent とは何か？

   💬 Peer to Peer(P2P)の技術を使ったファイル共有ソフト。
- P2P は LINE や Skype でも使われている技術。
- サーバを介さず直接通信を行なう。１つのコンピュータに処理が集中しない。

   💬 BitTorrent を使っている近くのコンピュータからファイルをダウンロードすることで、速くダウンロードすることができます。

   💬 BitTorrent は「相手からファイルを受け取るなら、自分もファイルを渡さなければならない」という規則があり、使っているパソコンがサーバ状態になります。

✎ BitTorrent は違法のか？

   💬 BitTorrent を使うことは違法ではありません。

   💬 本来は、Linux のディスクイメージやフリーソフトなど大容量のファイルを速くダウンロードしたい時に使います。しかし、このソフトを使うほとんどの人が違法コピー物（映画、音楽、アニメ、アダルトもの、ゲーム、有料のパソコンソフトなど）をダウンロードするために使っているのが現状です。

✎ BitTorrent の危険性

   💬 ウイルスに感染する可能性が高まる。
- ファイルにウイルスが混入している可能性があります。

   💬 外部から攻撃を受ける可能性が高まる。
- サーバ状態になるので外からの攻撃を受けやすくなります。

   💬 警察に捕まる可能性がある。
- IP アドレスが分かれば、プロバイダを介し個人は特定されます。
- サイバー警察に監視され、ある日警察に逮捕されるかもしれません。

   💬 個人ファイルがネットに流出する可能性がある。
- 息子がこのソフトを使用し、共有でパソコンを使っていた父親の会社の内部資料がネットに流出し、会社を解雇された例があります。多額の損害賠償を払わされる可能性があります。

第7~8回　Excel の基礎

こちらで用意したエクセルファイルで学習します。

✎ 基礎

○ セル： 1つの四角のこと。ここに数字、数式や文字を打ち込みます。

○ シート： ページみたいなもの。このファイルには、基礎・計算・関数・その他・グラフなどの6つのシートがあります。

○ セルの結合と表示形式
- セルの結合： 「ホーム」→「セルを結合して中央揃え」
- 縮小して表示：
  右ボタン→「セルの書式設定」→「配置」→「縮小して全体を表示する」
- 折り返して表示：
  右ボタン→「セルの書式設定」→「配置」→「折り返して全体を表示する」

○ 文字の色、セルの色、枠線
- 文字の色： A・
- セルの色： ◇・
- 枠　線：

	D	E	F	G	H	I	J
13					見本		
14	教育					教育	
15	小学校	中学校	高等学校		小学校	中学校	高等学校
16	6年	3年	3年		6年	3年	3年
17	7歳から12歳	13歳から15	16歳から18歳まで		7歳から12歳まで	13歳から15歳まで	16歳から18歳まで
18							

○ セルの移動・選択　　　　　「気象データ」のシートで試します。
- 移動： Ctrl キーを押しながら、矢印キーを押します。
- 選択： Shift キーを押しながら、矢印キーを押します。
- 一気に選択： Ctrl と Shift を両方とも押しながら、矢印キーを押します。

○ シートの操作： シートの追加、シートの削除

✎ 計算

○ 四則演算、計算練習、割合の計算、速さの計算

○ 数式のコピー： 2つのやり方があります。
① 右ボタン→「コピー」、右ボタン→「貼り付け」で行なう方法。
② セルを選択し、セルの右下の■で左ボタンを押しながら移動して離す方法。
数式をコピーすると、数式の中のセルの行番号や列番号は移動した分だけ番号が変わります。

- 絶対参照
  - 数式をコピーする時、行番号や列番号を変更したくない場合、番号の前に$（ドルマーク）を付けます。
  - セル番号を選択し、F4 キーを押すと、簡単に$を付けることができます。
  - B5：コピーしたら番号が変わります。　　$B5：B は固定されます。
    B$5：5 は固定されます。　　　　　　　$B$5：B も 5 も固定されます。

関数

- 合計（SUM）・平均（AVERAGE）・最大値（MAX）・最小値（MIN）
  - 合計　　　　　「数式」→「オート SUM」の▼→「合計」
    「数式」→「数学／三角」→「SUM」
  - 平均　　　　　「数式」→「オート SUM」の▼→「平均」
    「数式」→「その他の関数」→「統計」→「AVERAGE」
  - 最大値　　　　「数式」→「オート SUM」の▼→「最大値」
    「数式」→「その他の関数」→「統計」→「MAX」
  - 最小値　　　　「数式」→「オート SUM」の▼→「最小値」
    「数式」→「その他の関数」→「統計」→「MIN」
  - 一度使った関数は、「数式」→「最近使用した関数」に出てきます。

- IF 関数：　「数式」→「論理」→「IF」

- COUNTIF 関数：　「数式」→「その他の関数」→「統計」→「COUNTIF」

- 順位（RANK）：「数式」→「その他の関数」→「統計」→「RANK」または「RANK.EQ」

その他

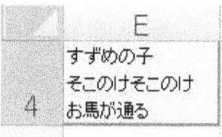

- セルの中で改行：　Alt キーを押しながら、Enter キー

- 数式をそのまま表示：　セルに入力する数字や数式をそのまま表示したい場合は、先頭に「'」を入れます。　例：　'=A2+B2

- データの入力規則
  - 「データ」→「データの入力規則」をクリックし、「入力値の種類」を「リスト」にし、「元の値」で表示させたい項目のセルを選択して、「OK」をクリック。

	A	B	C	D	E	F	G	H	I
14	出身								
15									
16		北海道	東北	関東	中部	近畿	中国	九州・沖縄	その他
17									

- 条件付き書式：　「ホーム」→「条件付き書式」
    - 90 点以上の場合、背景を濃い黄色にします。
    - 点数が書かれたセルを選択し、「ホーム」→「条件付き書式」→「新しいルール」をクリックし、「指定の値を含むセルだけを書式設定」を選択し、「次の値の間」の右側に「90」と「100」を入力。
    - 「書式」をクリックし、「塗りつぶし」で背景の色を「濃い黄色」にします。

- 連続した数や文字
    - 2 つのセルを選択し、セルの右下の■で左ボタンを押しながら移動し離します。

グラフ

- 円グラフ
    - データを選択し、「挿入」→「円」を選びます。
    - 「グラフツール」→「デザイン」→「グラフのレイアウト」で、どれかレイアウトを選びましょう。

- 折れ線グラフ
    - 「気象データ」の平均気温を使って、グラフを作ります。
    - 選択するセルは、A3〜A369 と D3〜D369 です。
    - A3 をクリックし、Ctrl キーと Shift キーを押しながら、↓キーをクリック。
    - シートの上に戻り、Ctrl キーを押しながら、D3 をクリックし、Ctrl キーと Shift キーを押しながら、↓キーをクリックします。
    - 「挿入」→「折れ線」を選びます。

- ピボットテーブルを使ったグラフ
    - 「気象データ」のデータのあるセル 1 つをクリックし、「挿入」→「ピボットテーブル」→「ピボットテーブル」をクリックしましょう。
    - 出てきたウィンドウをOKします。
    - 「行ラベル」に「月」、「値」に「降水量」を入れましょう。
    - ピボットテーブルの表の中をクリックし、縦棒グラフを作ってみましょう。

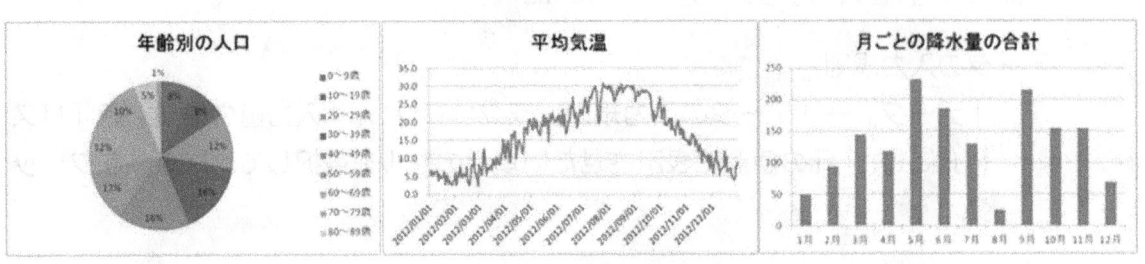

第 8 回　Excel 家計簿の作成

エクセルで、数式、関数（SUM,MIN,MAX,SUMIF）、データの入力規則、グラフなどを使って、家計簿を作成します。

準 備

- こちらで用意しいている「家計簿.xlsx」のファイルをコピーし、各自の授業用フォルダに貼り付けましょう。

- 開くと以下のようなものが表示されます。これを使って、家計簿の計算を学びます。

A	B	C	D	E	F	G	H	I	J	K
1	家計簿									
2										
3		前月の繰越金			円						
4										
5	日付	種類	商品名	収入	支出	残高		種類	収入	支出
6										
...										
23			収入	支出						
24		合計								
25		最大値								
26		最小値								

データの入力規則

- I6～I12 に、収入や支出の種類の名前を入力します。例えば、定期収入、臨時収入、食費、交通費などです。自分に必要な種類の名前を書きましょう。

- C6 をクリックし、「データ」→「データの入力規則」をクリックします。「入力値の種類」を「リスト」に変更し、「元の値」の白いところをクリックし、I6～I12 を選択し「OK」をクリックします。そうすると C6 で種類が選べます。

- C6 をクリックし、C6 の右下にマウスの矢印を持っていき、黒い十字になったら、左ボタン押しっぱなしで、C21 まで下に移動し、マウスのボタンを離しましょう。そうすると、他のセルも種類が選べるようになります。

家計簿のデータの入力

- B6～F21 のところに、家計簿のデータを入力しましょう。

- 日付のところは「5/15」のように入力すると自動的に「5 月 15 日」に変わります。

- 商品により「収入」または「支出」のどちらか一方に数字を入力しましょう。

✐ 残高の計算

🔍 D3 に、前月の繰越金を入力します。

🔍 G6 に「前月の繰越金」＋6 行目の収入－6 行目の支出の計算をします。
数式では、「=D3+E6-F6」です。

🔍 G7 に「ひとつ前の残高」＋7 行目の収入－7 行目の支出の計算をします。
数式では、「=G6+E7-F7」です。

🔍 G8 以降の計算は G7 と同じ形なので、G7 をコピーし G8 以降のセルに貼り付けます。
G7 をクリックし、G7 の右下にマウスの矢印を持っていき、黒い十字になったら、
左ボタン押しっぱなしで、G21 まで下に移動し、マウスのボタンを離しましょう。
そうすると、他のセルに数式が貼り付きます。

✐ 収入と支出の合計・最大値・最小値（SUM、MIN、MAX 関数） E24〜F26

🔍 E24： 収入の合計
E24 をクリックし、「数式」→「オート SUM」の文字をクリックし、「合計」を選
びます。そして、合計したいセル「E6〜E21」を選択し、Enter キーを押します。

🔍 同様な方法で、他のセル（E25,E26,F24,F25,F26）の計算も行ないましょう。
最大値、最小値は、「数式」→「オート SUM」のところで選べます。

✐ 種類別の合計金額（SUMIF 関数） J6〜K12

🔍 J6： 最初の種類の収入の合計
J6 をクリックし「数式」→「数学／三角」→「SUMIF」をクリックしましょう。

🔍 範囲は「C6〜C21」のセルを選び、検索条件は「I6」を、合計範囲は「E6〜E21」
を選びます。他のセルに関数をコピーした時、範囲と合計範囲のセル番号は変わら
ないようにしたいので、セル番号に＄マークを付けます。セル番号を選択し、F4 キ
ーを押すと＄マークが付きます。そうすると、以下のようになります。
範囲：「$C$6:$C$21」 検索条件：「I6」 合計範囲：「$E$6:$E$21」

🔍 J6 をコピーし、J7〜J12 に貼り付けます。

🔍 また、K6 も J6 と同じように行ないます。
範囲：「$C$6:$C$21」 検索条件：「I6」 合計範囲：「$F$6:$F$21」
K6 ができたら、K6 をコピーし、K7〜K12 に貼り付けます。

✎ グラフ

- 🗩 2つのグラフを作ります。
  - ▣ 収入と支出の合計を使った円グラフ
  - ▣ 種類別の収入と支出の合計を使った縦棒グラフ

- 🗩 収入と支出の合計を使った円グラフ
  - ▣ E23～F24 の4つのセルを選択します。
  - ▣ 「挿入」→ 🥧 ▾ で、好きな形の円グラフを選びましょう。
  - ▣ グラフのタイトルに「収入と支出」と入れましょう。
  - ▣ グラフをクリックし、上部の「グラフツール」→「デザイン」→「クイックレイアウト」の一番左上のレイアウトを選びましょう。
  - ▣ 「グラフツール」→「デザイン」→「グラフ要素を追加」→「データラベル」→「その他のデータラベルオプション」をクリックし、「値」のチェックを外し、「分類名」と「パーセンテージ」にチェックを入れましょう。

- 🗩 種類別の収入と支出の合計を使った縦棒グラフ
  - ▣ I5～K12 の24つのセルを選択します。
  - ▣ 「挿入」→ 📊 ▾ で一番左側のグラフの中から好きな形のものを選びましょう。

✎ 背景画像

- 🗩 「ページレイアウト」→「背景」をクリックし、Bing イメージ検索で画像を探しましょう。
- 🗩 「ページレイアウト」→「枠線」の表示のチェックを外しましょう。
  そうすると、セルの線が消えます。

✎ 完成例

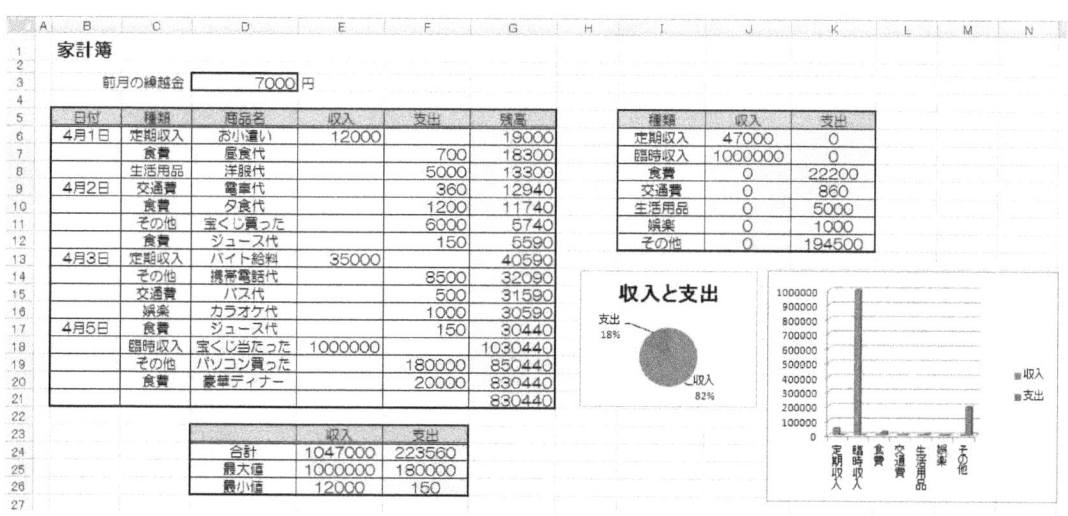

第 9~10 回　Excel 診断シートの作成

質問１０個を用意し、質問に答えることによって、チェック結果が自動的に
出るものを作成します。

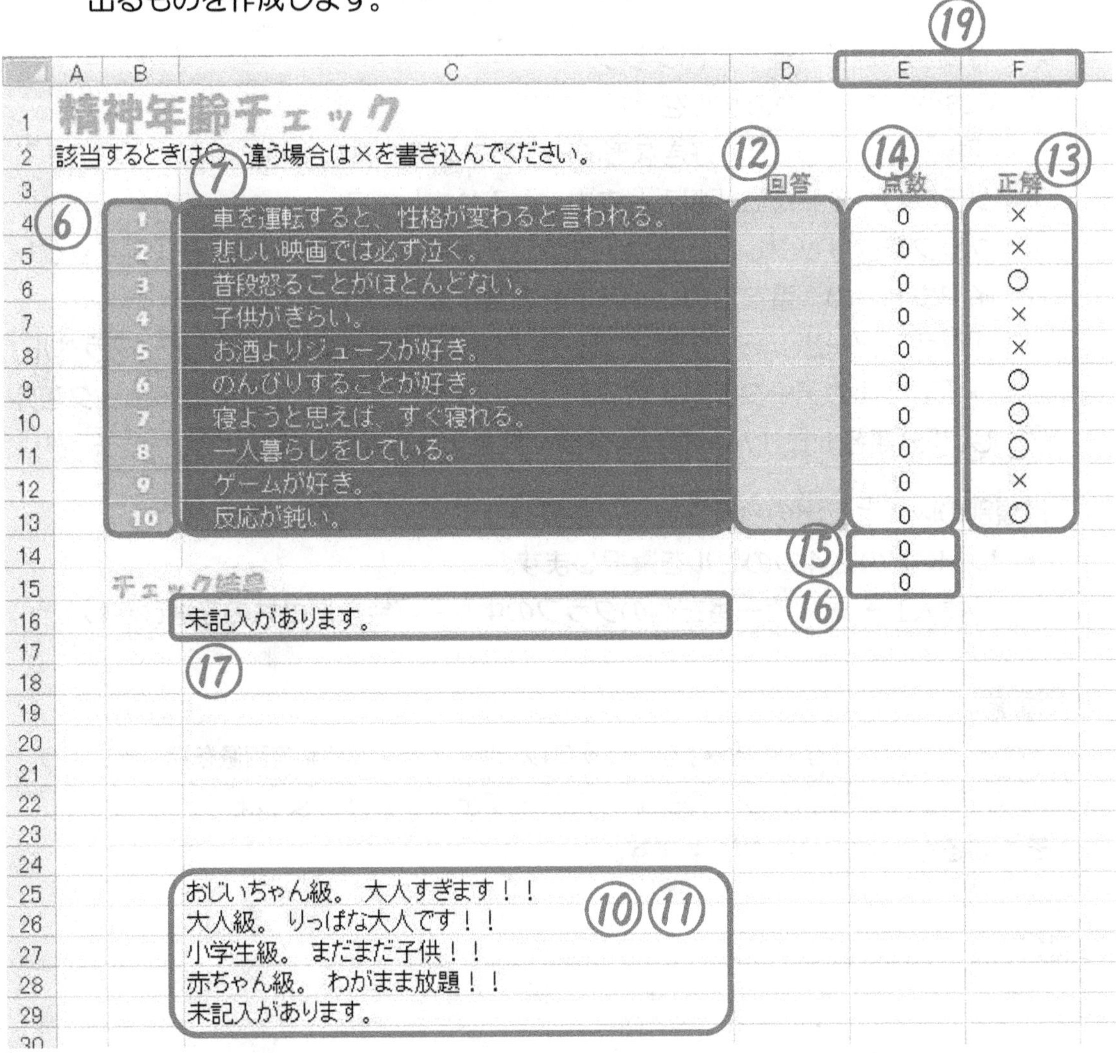

⑲

	A	B	C	D 回答 ⑫	E 点数 ⑭	F 正解 ⑬
1		精神年齢チェック				
2		該当するときは○、違う場合は×を書き込んでください。				
3	⑥	⑦				
4		1	車を運転すると、性格が変わると言われる。		0	×
5		2	悲しい映画では必ず泣く。		0	×
6		3	普段怒ることがほとんどない。		0	○
7		4	子供がきらい。		0	×
8		5	お酒よりジュースが好き。		0	×
9		6	のんびりすることが好き。		0	○
10		7	寝ようと思えば、すぐ寝れる。		0	○
11		8	一人暮らしをしている。		0	○
12		9	ゲームが好き。		0	×
13		10	反応が鈍い。		0	○
14				⑮	0	
15		チェック結果		⑯	0	
16		未記入があります。				
17		⑰				

おじいちゃん級。　大人すぎます！！
大人級。　りっぱな大人です！！　⑩⑪
小学生級。　まだまだ子供！！
赤ちゃん級。　わがまま放題！！
未記入があります。

✏️ 最初の設定

① ファイルの作成：　授業用フォルダの上で、右ボタン→「新規作成」→
「Excel ワークシート」をクリックし、ファイル名を「診断シート」にします。

② 表示の大きさの変更：　「表示」→「ズーム」で、指定で「150%」にしましょう。

③ 列の幅の変更：　Ｂ列・Ｄ列・Ｅ列・Ｆ列を狭く、Ｃ列を広くしましょう。

✐　文字の入力

④　A1：　　タイトルを入れます。　　「???チェック」「???クイズ」「???診断」など。

⑤　A2：　「該当するときは〇、違う場合は×を書き込んでください」を入れます。

⑥　B4〜B13：　　１から１０までの数字を入れます。

⑦　C4〜C13：　　質問１０個を入れます。

⑧　D3・E3・F3：　「回答」「点数」「正解」という文字を入れます。

⑨　B15：　「チェック結果」という文字を入れます。

⑩　C25〜C28：

　　▨　チェック結果に表示する４つの文章を考え、その文章を C25 から C28 に書き
　　ましょう。C25 は一番ポイントが高い場合のコメント、C28 は一番ポイントが
　　低い場合のコメントになります。

⑪　C29：　「未記入があります。」を入れましょう。

✐　回答と正解の欄の設定

⑫　D4〜D13：

　　▨　D4 をクリックし、「データ」→「データツール」の「データの入力規則」→
　　「データの入力規則」をクリックします。「入力値の種類」を「リスト」にし、
　　「元の値」の白い所に「〇,×」と書き、「OK」をクリックしましょう。
　　D4 をコピーし、D5〜D13 に貼り付けます。〇×が選べるようになります。

　　▨　選択肢は〇×でなくても大丈夫です。「りんご, みかん, メロン」のように、
　　選択肢をカンマ（ , ）でつなげるとできます。

⑬　F4〜F13：　　正解を入力しましょう。

✐　関数や数式の設定

⑭　E4〜E13：

　　▨　E4 に、IF 関数で「D4 と F4 が同じなら 1、違うなら 0 になる」式を入れます。
　　　　IF 関数：　「数式」→「論理」→「IF」
　　　　論理式：「D4=F4」、真の場合：「1」、偽の場合：「0」

　　▨　E4 をコピーして E5〜E13 に貼り付けます。

⑮　E14：　　E4 から E13 までの数の合計を求めます。

    ▨　合計（SUM 関数）：　　「数式」→「オート SUM」の▼→「合計」

       範囲：　　E4 から E13 まで

⑯　E15：　　回答欄が何個埋まっているかを数えます。

    ▨　COUNTA 関数は、空白でないセルの個数を求めます。

       COUNTA 関数：　　「数式」→「その他の関数」→「統計」→「COUNTA」

       範囲：　　D4 から D13 まで

⑰　C16：　　E14 の点数に合ったチェック結果のメッセージを表示します。

    ▨　以下の数式を直接セルに書き込みましょう。

```
=IF(E15<10, C29, IF(E14>=8, C25, IF(E14>=5, C26, IF(E14>=2, C27, C28))))
```

（IF 関数を複数使っていて関数ウィザードは使いづらいので、直接式を書き込みましょう。）

    ▨　式の説明：　　回答欄が全部埋まっていなければ（E15 が 10 より小さい場合）
       C29（未記入があります）を表示します。それ以外の場合、
       点数が 8 点以上ならば（E14>=8）、C25 のコメントを表示し、
       点数が 5~7 点ならば（E14>=5）、C26 のコメントを表示し、
       点数が 2~4 点ならば（E14>=2）、C27 のコメントを表示し、
       点数が 0~1 点ならば、C28 のコメントを表示します。

✐　確認しましょう

⑱　D4〜D13：

    ▨　D4 から D13 に回答を入れ、ちゃんと C16 のメッセージが表示されるかを
       確認しましょう。

⑲　E 列、F 列：　　ちゃんとうまくいったら、E 列、F 列を隠しましょう。

    ▨　隠し方は、灰色の「E」「F」の上で右ボタンを押し、「非表示」をクリック。

    ▨　もう一度、表示したい場合は、隠れた列を含むように列を選択し、右ボタン→
       「再表示」。

✎ 診断シートの装飾：　見た目を自由に変えましょう。

- 表の装飾
  - セルの文字を装飾し、表に線を入れたり、背景の色を変えたりしましょう。

- 画像の入れ方
  - 画像の上で「右ボタン」→「コピー」、エクセルで「右ボタン」→「貼り付け」。

- 背景画像の入れ方
  - 「ページレイアウト」→「背景」をクリックし、Bing イメージ検索で画像を探しましょう。画像の大きさを変えたい場合は、一度画像を保存し、Photoshop で開き、「イメージ」→「画像解像度」で大きさを変えましょう。

- セルの線の消し方
  - 「ページレイアウト」→「枠線」の表示のチェックを外すと、セルの線が消えます。

✎ 完成例

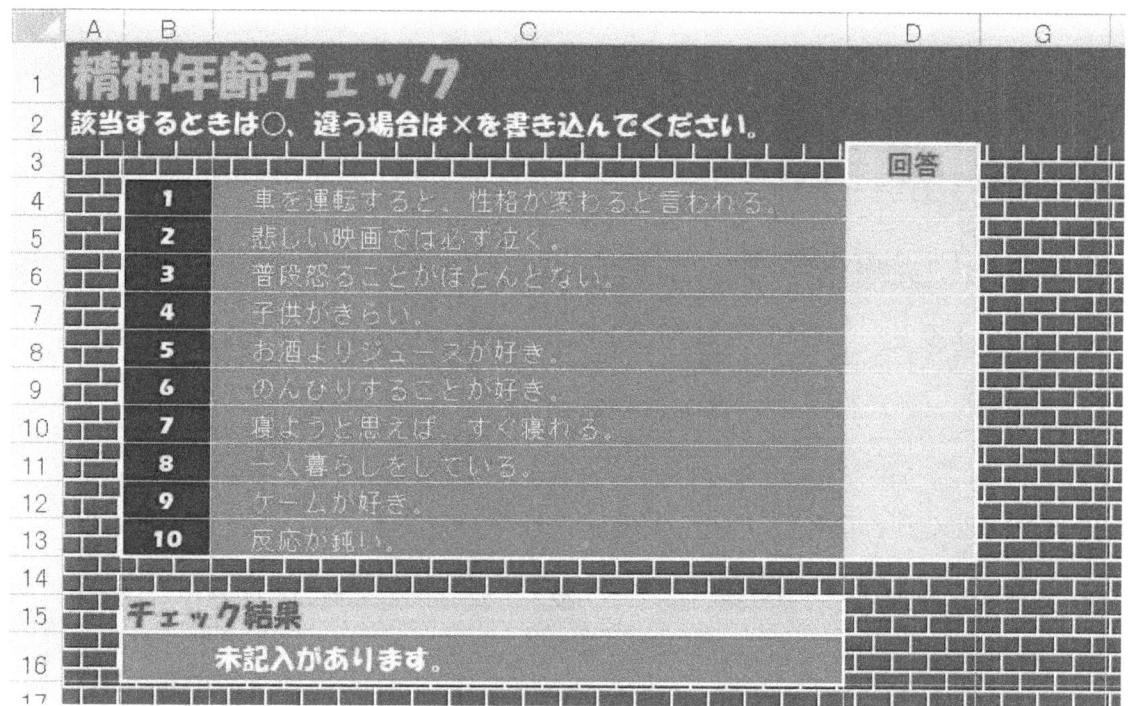

✎ 課題：　【3】　診断シート（エクセル）

- 診断シートを完成させ、必ず、表に色を付け、画像を1つ以上入れましょう。
- 完成したエクセルファイルを Oh-o! Meiji で提出しましょう。

第 9 回　メディアについて

メディアや情報通信社会などについて学びます。

✐ メディアの比較

	媒体	メディア	方向	同時性	発信者と受信者
マスメディア	紙	新聞・雑誌など	単方向	×	1 対多
	電波	テレビ・ラジオなど	単方向	○	1 対多
ソーシャルメディア	インターネット	ホームページ、掲示板、ブログ、Twitter、Facebook、LINE、Skype、YouTube など	双方向	○	多対多

✐ インターネットの特性

- 匿名性：　顔や声などの身体的特徴・実名をさらけ出す必要はない。

- 不特定多数性：　見知らぬ者同士が容易に関係を持つこともできる。

- 時間的・地理的な無制限性：　どんなに遠くても瞬時に情報交換ができる。

- 場所の不要性：　物理的な意味での「場所（土地）」を必要としない。

- 無痕跡性（無証跡性）：　物理的な痕跡は残らない。

✐ ソーシャルメディアにおけるトラブル

- 失言・誤投稿：　軽い気持ちや冗談、友人と話す感覚で書いた内容が大きなトラブルになってしまう。

- 情報漏洩：　企業の機密情報などを誤って、ソーシャルメディアに載せてしまう。

- プライバシー：　何かトラブルに巻き込まれた時、個人情報が拡散されてしまう。

- ソーシャル疲れ：　暇な時に楽しむつもりが、いつのまにか義務的になってしまう。投稿の返事を気にする。実際の自分とは違う自分を演じてしまう。

情報通信社会の変化

- 移動体　　　　　　　1900 年代前半　　携帯電話の登場。
- マルチメディア　　　1990 年代後半　　デジタル化。
- インターネット　　　2000 年代前半
- ユビキタス　　　　　2000 年代後半　　スマートフォンの登場。
- IoT・人工知能　　　 2010 年代後半
- 量子コンピュータ　　さらに先・・・

今後どうなっていくのか？

- IoT (Internet of Things)
  - 物をインターネットにつなげる。
  - 離れた物の状態を知る。離れた物を操作する。
  - 家の物を遠隔操作、自動車の位置情報から渋滞情報
    地震の予測（位置情報の蓄積）、建築の自動化（GPS、3D プリンターなど）
    高齢者の生存確認、生体情報の自動取得
    ワイヤレスタグ：テーマパークの居場所確認、園児の監視
  - H2H(Human to Human)から M2M(Machine to Machine)へ

- 人工知能
  - 自動車・ドローンの自動運転
  - チェスや囲碁などの学習
  - ロボット（ペッパー君、ゼンボ）　会話、ペット
  - 自動掃除機（ルンバ）
  - 監視カメラ網から画像認識による自動犯人探し
  - 自動翻訳

第 11 回　PowerPoint クイズの作成

パワーポイントの基本操作を学びます。3枚のスライドでクイズを作成します。

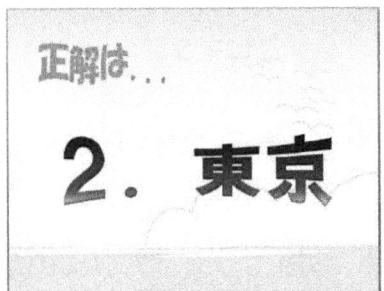

- ✎ ファイルの準備
  - 🔍 授業用フォルダの上で「右ボタン」→「新規作成」→
    「Microsoft Office PowerPoint プレゼンテーション」
    を選び、ファイル名を「クイズ」にしましょう。

- ✎ 3つのスライドの作成
  - 🔍 左側のところで、「右ボタン」→「新しいスライド」で、
    3つのスライドを作成しましょう。

- ✎ スライドのデザイン
  - 🔍 上部の「デザイン」→「テーマ」で選べます。今回は「パワーポイントのデザイン
    のリンク集.html」で使いたいデザインを探しましょう。
  - 🔍 使いたいデザインのファイルを保存し、パワーポイントの「デザイン」→「テーマ」
    のところの 🔽 →「テーマの参照」でファイルを選びましょう。

- ✎ レイアウトの変更
  - 🔍 左側の小さいスライドのところで、「右ボタン」→「レイ
    アウト」をクリックすると右のようなものが出てきます。
  - 🔍 1枚目のスライドは「タイトルスライド」、2・3枚目の
    スライドは「タイトルとコンテンツ」を選びましょう。

- ✎ 1枚目と2枚目のスライド
  - 🔍 1枚目と2枚目のスライドに文字を入力しましょう。

- ✎ 画像の挿入
  - 🔍 2枚目のスライドに何か画像を入れましょう。
  - 🔍 「挿入」→「オンライン画像」→「Bing イメージ検索」で探してみましょう。

✎ ３枚目のスライド

🔍 ３枚目の文字は「ワードアート」で入れてみましょう。
ワードアートで飾った文字を作ることができます。「挿入」→「ワードアート」。

🔍 ワードアートの文字をクリックし、上部の「描画ツール」→「書式」の「文字の塗りつぶし」、「文字の輪郭」、「文字の効果」の所で見た目を変えることができます。

✎ スライドショーの実行

🔍 スライドショーとは、発表する時に見せる画面のことです。

🔍 最初から実行：　「スライドショー」→「最初から」

🔍 途中から実行：　「スライドショー」→「現在のスライドから」

🔍 スライドを進める・戻す。

　▫ マウスの左ボタン　と　マウスの右ボタン→「前へ」。

　▫ キーボードの下矢印キー（↓）　と　キーボードの上矢印キー（↑）

🔍 スライドショーの途中終了：　キーボードのエスケープキー（Esc）。

✎ アニメーションの設定

🔍 上部の「アニメーション」→「アニメーションの追加」→「その他の開始効果」「その他の強調効果」「その他の終了効果」などで設定できます。「開始効果」をよく使います。

　▫ 開始：　消えている状態から出てくるアニメーション

　▫ 強調：　出ている状態から変化し、出ている状態になるアニメーション。

　▫ 終了：　出ている状態から消えていくアニメーション

　▫ アニメーションの軌跡：　動く経路を指定することができます。

🔍 ２枚目と３枚目のスライドの文字に「開始」のアニメーションを付けてみましょう。

🔍 ２枚目のスライドの画像に「アニメーションの軌跡」を付けてみましょう。

🔍 アニメーションの順番の変更：「アニメーション」→「アニメーションウィンドウ」をクリックし、右側の所でドラッグ&ドロップで順番を変更しましょう。

🔍 アニメーションを同時に動作：　「アニメーションウィンドウ」で、設定を変更したいアニメーションをクリックし、上部の「開始」で「直前の動作と同時」を選ぶと、前のアニメーションと同時に動かすことができます。

🔍 アニメーションの速さの変更：　「アニメーションウィンドウ」で、設定を変更したいアニメーションをクリックし、上部の「継続時間」を変えましょう。

第 12~13 回　PowerPoint 大学紹介の作成

大学を紹介する4枚のスライドを作成します。

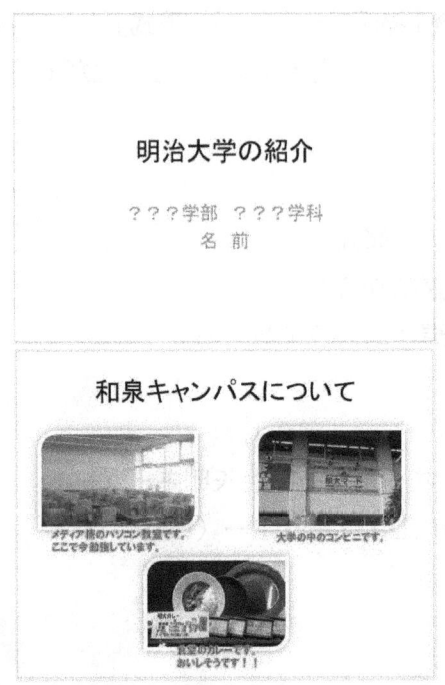

✐ 1枚目：　タイトルスライド

🔍 タイトルに「明治大学の紹介」、サブタイトルに皆の所属と名前を書きましょう。

✐ 2枚目：　「明治大学について」のスライド

🔍 文字を入れましょう。

- ▫ 「挿入」→「テキスト」の「テキストボックス」→「横書きテキストボックス」。
- ▫ 創設者：岸本辰雄・宮城浩蔵・矢代操　　創設年：1881 年（明治 14 年）
- ▫ 文字を選択し、「描画ツール」の「書式」で文字の見た目を変えられます。

🔍 画像を入れましょう。

- ▫ 「創設者の画像」、「東京の地図」、「めいじろうの画像」などをスライドに
  ドラッグ&ドロップし、画像をスライドに入れましょう。
- ▫ 画像の背景の透明化：　画像をダブルクリックし、「色」→「透明色を指定」
  で透明にしたい色をクリックしましょう。

- キャンパス名の文字を入れましょう。

  - 「挿入」→「図形」で図形を選び、その図形の中に文字を入れましょう。図形の上で「右ボタン」→「テキストの追加」で文字を入れられます。

3枚目：　「和泉キャンパスについて」のスライド

- 画像を入れましょう。

  - 「挿入」→「オンライン画像」をクリックし、Bing イメージ 検索で画像を探しましょう。
  - 貼り付けた画像をダブルクリックし、「図のスタイル」で枠などをつける。

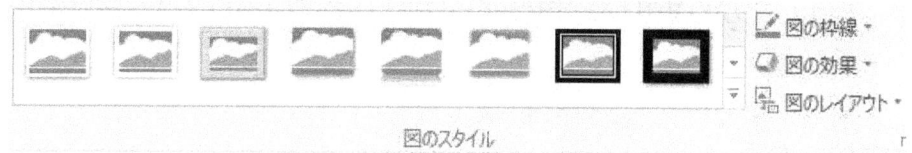

- テキストボックスなどを使い、画像を説明する文章を入れましょう。

4枚目：　所属する学部の紹介のスライド

- それぞれが所属する学部を紹介するスライドを 1 枚以上作成しましょう。

発表資料の良い例と悪い例

悪い例

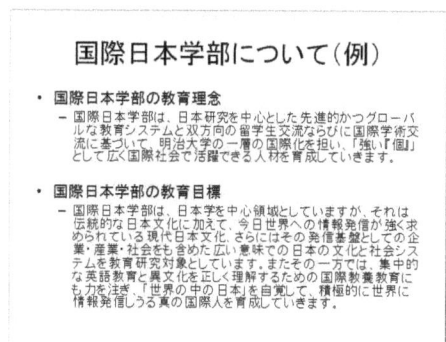

良い例

プレゼンテーション資料を作る上での注意

図的表現の重要性。百文は一図にしかず。

- 発表時間は短い場合が多いです。短い時間で言いたいことをわかってもらうには、文章だけの表現では難しいです。伝えたいことのポイントを図的に表現すると、短い時間で言いたい事が伝わりやすいです。

ストーリー

- 相手に分かりやすい、また、自分が話しやすい流れ（ストーリー）を作っておくことは大事です。

抽象的に作る。

- 上記で述べた図的表現の重要性と重なりますが、伝えたい内容を抽象的に書いた方が相手はわかりやすいです。発表で大事なのは、（場合によるが）細かいことより自分が何を伝えたいかです。

自分が理解していない内容を相手に理解させるのは不可能である。

✎ 独自のスライドデザインの作成

　　◌ スライドのデザインは、自分で作ることができます。

　　◌ 「表示」→「スライドマスタ」をクリックします。

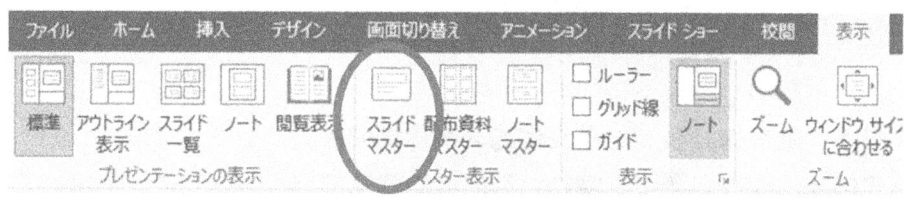

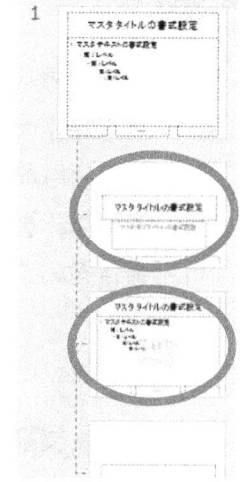

　　◌ パワーポイントの左側に、右の図のようなものが出てきます。丸の付いた2箇所のスライドのデザインを変えましょう。

　　◌ スライドの背景、文字の色、箇条書きのマークなどを変えてみましょう。

　　◌ 編集が終わったら「マスタ表示を閉じる」を押しましょう。

✎ デザイン例

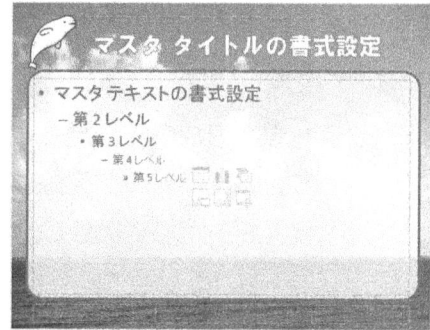

✎ 課題：　【4】　大学紹介（パワーポイント）

　　◌ 大学紹介の4枚のスライドを完成させ、スライドマスタを使い、背景のデザインを作りましょう。

　　◌ 完成したパワーポイントのファイルを Oh-o! Meiji で提出しましょう。

第 12 回　インターネットに関係する法律とマナー

著作権、肖像権、個人情報保護、不正アクセス禁止法といったインターネットに関係する法律などについて学びます。

著作権

- 人間の思想や感情を創造的に表現した文化的な創作物の保護。
- 自分が作ったものを、他人に勝手に使われないための法律。
- 著作権は創造物が作成された時点で自動的に発生。
- 権利は、著作者。
- 著作者の死後 50 年、法人の場合は公表後 50 年。

著作権の違反の例

- 画像・文章の不正利用
  - 他人の Web ページ上の文や図を無断でコピーして使う。
  - 新聞や雑誌記事などを無断でコピーしホームページに公開する。

- 音楽データの不正コピー
  - 音楽 CD のデータを友達に渡す。
  - ネット上の許可を得ていない音楽データをダウンロードする。

- ソフトウェアの不正コピー
  - 市販のソフトウェアはソフトウェアを使う権利を買っている。
  - 購入が決定していないソフトウェアをコピーする。

- 認められている利用
  - 私的使用のための複製：　自分自身や家族までの範囲。
  - 引用：　他人の著作物を引用して利用。出典を明記して使用。承諾の必要なし。
  - 教育目的での使用　　など。

著作権法の改正

- 平成 22 年（2010 年）1 月 1 日に著作権法の改正
  - 著作権を侵害した配信だと知りながら、権利者に無断で音楽や映像をダウンロードすることは、個人的に楽しむ目的であっても、違法（権利侵害）である。

- インターネット利用での情報検索サービスに必要な行為（ストレージ、インデックスなど）は著作権者の許諾を得なくても可能。

- 平成 24 年（2012 年）10 月 1 日　違法ダウンロード刑罰化
  - 親告罪　2 年以下の懲役 or/and 200 万円以下の罰金

肖像権

- プライバシー権：　人格権に則した権利
  - 私生活を公開されない権利。　一般人、有名人問わず。
  - 有名人の場合は制限を受ける場合もある。　例：国会議員
  - 容姿を無断で撮影されたり、撮影された写真を勝手に公表されたりされないようにする法律。

- パブリシティ権：　財産権に則した権利
  - 有名人の氏名や肖像に対する権利。
  - 氏名や肖像の商品価値の下落から守る。他人の商売に使われないようにする。
  - 肖像が経済的価値を生むかどうか。
  - 有名人の似顔絵などを Web に公開することも含まれる。
  - キャラクターには「商品化権」がある。

個人情報保護

- 対象：個人情報が 5000 件以上（従業員、関連顧客、株主など全てを含む）の業者

- 義務
  - 本人の求めがあった場合は、個人データの開示や訂正をする義務。
  - 個人情報の管理義務。義務に違反すると刑事罰が設定されている。

- 個人情報の定義
  - 本人の氏名や、本人と分かるメールアドレス。
  - 氏名と、本人の情報を組み合わせた情報など。
  - 本人と識別できる映像。　個人が特定できるかどうかがポイント。

不正アクセス禁止法

- 侵入行為：　セキュリティホールを攻撃してコンピュータに侵入する行為の禁止。
- なりすまし行為：　他人の ID やパスワードなどを無断で使用する行為の禁止。
- 不正アクセス行為を助長する行為：　ID・パスワードを他人に提供するなど。

第2章　ICT ベーシック II
（秋学期）

第 1 回　イントロダクション

授業内容の紹介、次回からの授業の準備、スキルチェックなどを行ないます。

✎ ICT ベーシック II（秋学期）の授業内容

- 🗨 ワード：　　イラスト素材の作成、本の形式
- 🗨 エクセル：　栄養素の計算、データ分析
- 🗨 ホームページ作成：トップページの作成、HTML、CGI のブログ、スタイルシート

✎ 成績について

- 🗨 平常点　　　　50%　　　（授業への参加度や貢献度、授業中の態度など）
- 🗨 課題レポート　50%　　　（課題の出来や課題の取り組み状況など）

- 🗨 定期試験は行ないません。
- 🗨 欠席、遅刻は平常点を減点します。
- 🗨 公欠・病欠は成績評価をする際に考慮します。ただし、公欠・病欠を含め、欠席数が多い場合は考慮しません。後日 Oh-o!Meiji に公欠・病欠などを書き込む所を用意します。

✎ 出欠の取り方

- 🗨 教卓のパソコンにある出席管理ソフトで自動的に出席を取ります。

✎ 授業用のフォルダの作成

- 🗨 デスクトップ の「MyDocs」を開き、「ICT ベーシック II」というフォルダを作成します。
- 🗨 フォルダの白いところで「右ボタン」→「新規作成」→「フォルダー」をクリックし、フォルダの名前を「ICT ベーシック II」にしましょう。
- 🗨 この授業で作成するファイルはこのフォルダに保存します。

✎ Oh-o! Meiji のディスカッションに書き込みましょう。

- 🗨 データ分析のための準備：みんなに聞きたい質問を 1 人 1 つ以上書きこみましょう。
- 🗨 本の形式のための準備：　おすすめのお店を 1 人 1 つ以上書きこみましょう。

ICT ベーシックⅡ（秋学期）の課題

以下の5つの課題を出す予定です。（以下はサンプルです。）

【1】 栄養素の計算

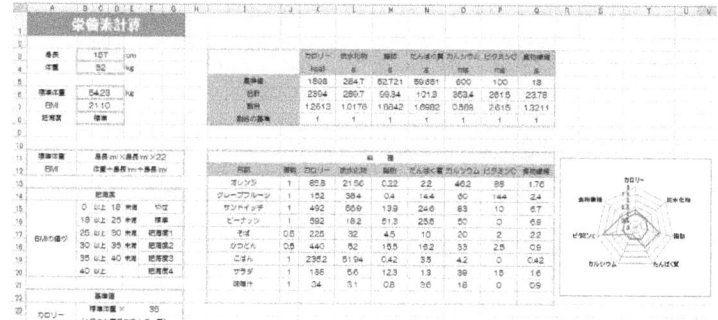

【2】 本の形式

【3】 イラスト素材

【4】 データ分析

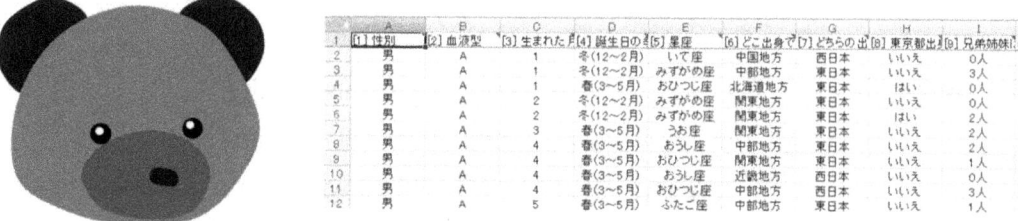

【5】 ブログのデザイン

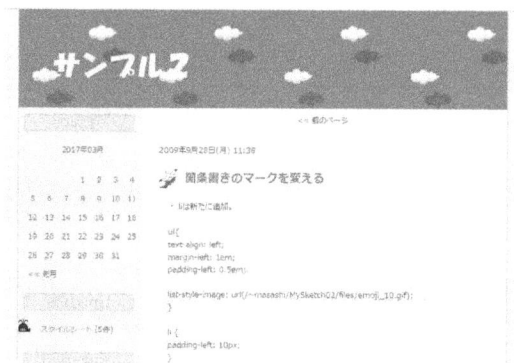

第 2～3 回　Excel 応用 栄養素の計算

1 日分の料理を選ぶと、栄養素を計算し、栄養バランスをグラフで表示します。
こちらで用意した「栄養素の計算.xls」のファイルを使います。

✎ VLOOKUP の練習

- 栄養素の計算の中で、VLOOKUP 関数を 2 箇所で使っています。
- 「栄養素の計算.xls」の「VLOOKUP の練習」シートで練習します。
- この関数は、範囲の 1 列目で検索値を探し、見つかったら指定した列の値を返します。
  「数式」→「行列／検索」→「VLOOKUP」

	A	B	C	D	E	F
3	ディズニーランドの1dayパスポート					
4						
5	種類	年齢				値段
6	赤ちゃん	0	オ以上	4	オ未満	0
7	小人	4	オ以上	12	オ未満	4800
8	中人	12	オ以上	18	オ未満	6400
9	大人	18	オ以上			7400

- 種類を選んで、値段を表示する。
  - 検索値: I7　　範囲: A6 から F9 まで
  - 列番号: 6　　検索方法: FALSE

- 年齢で、値段を表示する。
  - 検索値: I15　　範囲: B6 から F9 まで
  - 列番号: 5　　検索方法: TRUE

- 検索方法の「FALSE」は完全一致だけ、「TRUE」は近似値も返します。

✎ 「料理一覧」シートの入力

- 1 日に食べた料理の栄養素を調べて、入力しましょう。
- 参考サイト：　　イートスマート（http://www.eatsmart.jp/）
  　　　　　　　　ボブとアンジー（http://www.bob-an.com/）
  　　　　　　　　栄養 and カロリー計算（http://www.eiyoukeisan.com/index.html）

	A	B	C	D	E	F	G	H	I
1		料理一覧							
2									
3					料　理				
4		名前	カロリー	炭水化物	脂肪	たんぱく質	カルシウム	ビタミンC	食物繊維
5		オレンジ	85.8	21.56	0.22	2.2	46.2	88	1.76
6		グレープフルーツ	152	38.4	0.4	14.4	60	144	2.4
7		サンドイッチ	492	66.9	13.9	24.6	83	10	6.7
8		ピーナッツ	592	18.2	51.3	25.5	50	0	6.9
9		そば	450	64	9	20	40	4	4.4
10		かつどん	880	104	31	32.4	66	5	1.8
11		ごはん	235.2	51.94	0.42	3.5	4.2	0	0.42
12		サラダ	138	5.6	12.3	1.3	39	15	1.6
13		味噌汁	34	3.1	0.8	3.6	18	0	0.9
14									

- B5～B37：　　B5～B37 のセルを選択し、左上の [B5 ▼] の
  B5 をクリックして、「料理」と書き込みましょう。

✎　「栄養素の計算」シートの料理の表示

◯　I13：　　「料理一覧」シートの料理を選べるようにします。I13 をクリックし、
「データ」→「データの入力規則」→「データの入力規則」をクリックし、
「入力値の種類」を「リスト」、「元の値」に「=料理」を入力します。

◯　I14~I27：　I13 をコピーして、I14 から I27 に貼り付けます。

◯　K13：　　料理の栄養素を表示します。VLOOKUP 関数を使います。
上部の「数式」→「検索／行列」→「VLOOKUP」をクリックし、
「検索値」は「$I13」、「範囲」は 料理一覧の B5 から I37 までを選択し、
B5 と I37 に$マークを付けます。「列番号」は「K$10」、「検索方法」は
「FALSE」とします。K10 には「2」が書かれています。

```
=VLOOKUP($I13,料理一覧!$B$5:$I$37,K$10,FALSE)
```

◯　このままだと、K 列で料理を選んでいない時、エラーになるので、
K13 をダブルクリックし、次のように IFERROR 関数を書き加えましょう。
また、個数を掛け算しましょう。（ ＊ $J13 を加える。）

```
=IFERROR(VLOOKUP($I13,料理一覧!$B$5:$I$37,K$10,FALSE)*$J13,"")
```

◯　K13 をコピーして、L13 から Q13 に貼り付けます。
◯　K13~Q13 をコピーして、下の 27 行目まで貼り付けます。

✎　標準体重・BMI・肥満度の計算

◯　B3・B4：　身長・体重 を入力しましょう。

◯　B6：　　標準体重 を計算します。
（身長÷100）×（身長÷100）× 22

◯　B7：　　BMI を計算します。　体重 ÷（身長÷100）÷（身長÷100）

◯　B8：　　肥満度 を求めます。VLOOKUP 関数を使います。
上部の「数式」→「検索／行列」→「VLOOKUP」をクリックし、
「検索値」は「B7」、　「範囲」は「B15 から G20 まで」を選択し、
「列番号」は「5」、　「検索方法」は「TRUE」とします。

5			
6	標準体重		kg
7	BMI		
8	肥満度		
9			

✎ 栄養素の計算

	カロリー kcal	炭水化物 g	脂肪 g	たんぱく質 g	カルシウム mg	ビタミンC mg	食物繊維 g
基準値							
合計							
割合							
割合の基準	1	1	1	1	1	1	1

- 🔍 K5　カロリー　　標準体重 × 35
- 🔍 L5　炭水化物　　K5 × 0.6 ÷ 4
- 🔍 M5　脂肪　　　　K5 × 0.25 ÷ 9
- 🔍 N5　たんぱく質　標準体重 × 1.1

- 🔍 O5　カルシウム　600
- 🔍 P5　ビタミンC　100
- 🔍 Q5　食物繊維　　18

- 🔍 K6　料理のカロリーの合計　　SUM 関数で K13〜K27 の合計を求めます。
  　　K6 をコピーし、L6〜Q6 に貼り付けましょう。

- 🔍 K7　基準値における合計の値の割合　　K6 ÷ K5
  　　K7 をコピーし、L7〜Q7 に貼り付けましょう。

✎ グラフを描く

- 🔍 グラフの種類：　レーダー
  「挿入」→「グラフ」からレーダーグラフを探しましょう。

- 🔍 データの範囲：　K3〜Q3 と K7〜Q8
  離れたセルの範囲を選択する場合は、「Ctrl キー」を使います。
  K3〜Q3 を選択し、Ctrl キーを押しながら K7〜Q8 を選択しましょう。

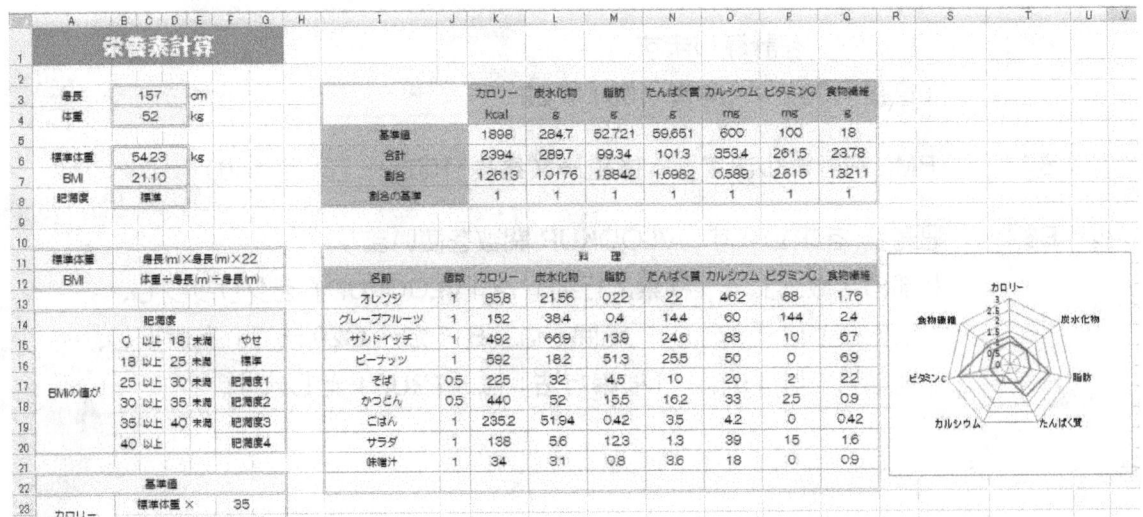

✏ 「バランスの良い料理の組み合わせ」を探しましょう。

　🔍 和食、洋食、中華料理、イタリア料理など料理の種類を決め、
　　　その種類の料理を使って、バランスの良い組み合わせを探しましょう。

　🔍 「栄養素の計算」シートの料理の名前と個数を残しておきたい人は、
　　　名前と個数のセルを選択し、右ボタン→「コピー」して、
　　　「保存場所」シートのところに貼り付けましょう。

　🔍 まず「栄養素の計算」シートで、バランスの良い料理の組み合わせを探しましょう。

　🔍 グラフの赤い色の線のところが、
　　　バランスが良い栄養素なので、
　　　赤い色に近づくような料理の組み合
　　　わせを探しましょう。

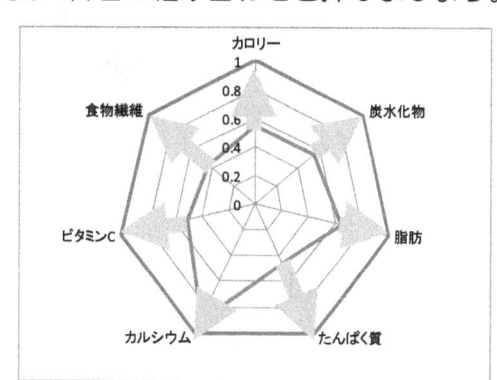

　🔍 料理の組み合わせが決まったら、
　　　「組み合わせ」シートに料理のデータと
　　　グラフを貼り付けましょう。データとグラフの貼付方法は以下を参照して下さい。

　🔍 料理データの貼り付け方法
　　　「栄養素の計算」シートの料理の名前・個数・栄養素のセルを選択し、「右ボタン」
　　　→「コピー」します。「組み合わせ」シートに移り、貼り付けたいセルをクリック
　　　し、「右ボタン」→「形式を選択して貼り付け」→「値」で貼り付けましょう。

　🔍 グラフの貼り付け方法
　　　「栄養素の計算」シートのグラフの上で、「右ボタン」→「コピー」をし、
　　　「オプション課題」シートで、「右ボタン」→「形式を選択して貼り付け」→
　　　「図（PNG）」で貼り付けましょう。

✏ 課題：　【1】 栄養素の計算

　🔍 「栄養素の計算」シートを完成させ、バランスの良い料理の組み合わせを探し、
　　　その組み合わせのデータとグラフを「組み合わせ」シートに貼り付けましょう。

　🔍 完成したエクセルファイルを Oh-o! Meiji で提出しましょう。

第4~5回　Word 応用 本の形式

皆に書いてもらったおすすめのお店の文章を使って、目次・ページ番号など
を入れた本を作成します。

✎ ファイルの作成とページ設定

🔍 授業用フォルダを開き、フォルダの白いところで、「右ボタン」→「新規作成」→
「Microsoft Office Word 文書」をクリックしましょう。
ファイル名を「おすすめのお店」にしましょう。

🔍 ファイルを開き、「ページレイアウト」→「余白」→「やや狭い」にします。
そして、「ページ設定」の右下の ⬛ をクリックし、行数を「36」にしましょう。

✎ 文章の貼り付け

🔍 1ページ目には、「おすすめのお店」と入力しましょう。文字の後ろにカーソルを
持っていき、「挿入」→「ページ区切り」をクリックしましょう。

🔍 2ページ目には、「もくじ」と入力しましょう。1ページ目と同様に、「ページ区切
り」を入れましょう。

🔍 3ページ目には、授業の共有フォルダに置かれたおすすめのお店のテキストファイ
ルを開き、文章をコピーし、ワードに貼り付けましょう。その後、「ページ区切り」
を入れます。

```
🖹 ICT-本の形式_飲料品.txt - TeraPad                                    □  ×
ファイル(F) 編集(E) 検索(S) 表示(V) ウィンドウ(W) ツール(T) ヘルプ(H)
🗋🗁🖫🖨 ✂🖿🖻 ⟲⟳ 🔍🔍 🔍
  1 釘屋【下高井戸】↓
  2 ハンバーグ↓
  3 安くておいしいから。↓
  4 ↓
  5 げんかや【高田馬場駅】↓
  6 焼肉↓
  7 ほぼすべての品物が290円(税別)。安い!↓
  8 ↓
  9 叙々苑【恵比寿】↓
 10 焼肉↓
 11 雰囲気がいい↓
 12 ↓
 13 松之屋【新橋】↓
 14 トンカツ屋↓
 15 安くて、量もあり、おいしい!↓
 16 ↓
 17 牛炭屋【溝の口】↓
 18 焼肉↓
 19 最初の注文で10品一気に頼むと割引される。基本的に安い、庶民的。↓
 20 ↓
 21 THE COWBOY HOUSE【軽井沢】↓
 22 ステーキレストラン↓
 23 カウボーイの時代を思わせるようなこだわりの店内とボリュームたっぷりのステーキ↓
 24 ↓
                              1行 1桁 標準 [80]    SJIS CRLF 挿入
```

🔍 その後に、他の種類のおすすめのお店の文章を貼り付けましょう。

🔍 2種類以上のおすすめの文章を貼り付けましょう。

✐ スタイルの作成

- 4つのスタイルを作成します。　「章タイトル」「お店の名前」「種類」「紹介文」

- 「章タイトル」のスタイル
  - 「おすすめの肉料理のお店」の行をクリックします。
  - 「ホーム」→「スタイル」の右下の ▫ をクリックし、左下の ✎ をクリック。
  - 「名前」：章タイトル、　「基準にするスタイル」：見出し1　　にします。
  - フォントの変更、文字の色の変更、文字の大きさ「20」、中央揃え。
  - 左下の「書式」→「罫線と網かけ」をクリックし、「罫線」で上下に線を入れ、「網かけ」で、文字の後ろの色を変えます。
  - 「書式」→「段落」で、「間隔」を3にします。

おすすめの肉料理のお店

- 「お店の名前」のスタイル
  - 「名前」：お店の名前、　「基準にするスタイル」：見出し2　　にします。
  - 文字の大きさ「16」、フォントなどを自由に変更します。
  - 「書式」→「箇条書きと段落番号」で、「箇条書き」タブをクリックし、「新しい行頭文字の定義」→「図」→「Bing イメージ検索」でマークに使いたい画像を探しましょう。

● ねぎし【新宿】

- 「種類」のスタイル
  - 「名前」：種類、　「基準にするスタイル」：標準　　にします。
  - 文字の大きさ「12」、フォントなどを自由に変更します。下線を入れます。
  - 「書式」→「段落」で、インデントの左を「2字」にしましょう。

定食屋↵

- 「紹介文」のスタイル
  - 「名前」：紹介文、　「基準にするスタイル」：ブロック　　にします。
  - 文字の大きさ「12」、フォントなどを自由に変更します。 ⇕ をクリック。
  - 「書式」→「段落」で、インデントの左・右をそれぞれ「2字」にしましょう。
  - 「書式」→「罫線と網かけ」で、線の「種類」、線の「色」を選び、「囲む」をクリック。

> 炭焼きのお肉が食べられます。↵
> 麦飯はおかわり自由で、とろろやテールスープも美味しいです。↵

🖋 ページ番号

　🔍　「挿入」→「ページ番号」→「ページの下部」→好きなデザインをクリックします。

　🔍　ページ番号の数字の書式を変更します。（文字の大きさ、フォントなど）

　🔍　「ヘッダー／フッターツール」→「デザイン」の「ページ番号」→「ページ番号の書式設定」をクリックし、開始番号を「0」にします。

　🔍　「ヘッダー／フッターツール」→「デザイン」の「先頭ページのみ別指定」にチェックを入れます。

　🔍　「ヘッダー／フッターツール」→「デザイン」の「ヘッダーとフッターを閉じる」をクリックし、ヘッダーフッターの編集を終了します。

🖋 目 次

　🔍　2ページ目の「もくじ」の文字の下に改行を入れ、目次を入れたい行をクリックします。

　🔍　「参考資料」→「目次」→「ユーザー設定の目次」をクリックし、アウトラインレベルを「2」にしましょう。これで「見出し1」「見出し2」までの項目が表示されます。

　🔍　「OK」をクリックすると、目次が出てきます。目次の文字の大きさやフォントなどを変更しましょう。

　🔍　目次の更新：　目次の上で「右ボタン」→「フィールド更新」→「目次をすべて更新する」

✎ 背景デザインの編集

🔍 ページ上部のヘッダーのところをダブルクリックし、2ページ目のヘッダーをクリックし、「挿入」→「オンライン画像」→「Bing イメージ検索」で背景画像を探し入れましょう。ここに入れた画像は、2ページ目以降のすべてのページに表示されます。

🔍 画像を背面にしたい人は、画像の大きさを調整し、画像をダブルクリックし、「文字列の折り返し」→「背面」にしましょう。

🔍 ページ番号の設定の時に「先頭ページのみ別指定」にしたので、「1ページ目」と「2ページ目以降」は、別々のヘッダーフッターの設定となります。

🔍 1ページ目のヘッダーにも背景画像を入れましょう。

✎ 課題：　【2】　本の形式

🔍 スタイルを作り、目次を作成し、ヘッダーに背景画像を入れ、おすすめのお店の本を完成させましょう。

🔍 完成したワードファイルを Oh-o! Meiji で提出しましょう。

第5〜6回　イラスト素材の作成

画像をトレースして、ワードで絵を描きます。

✏️ **ワードファイルの取得**

🔍 授業の共有フォルダに置いてある「イラスト素
材.doc」のワードファイルを各自の授業用フォル
ダに移動しましょう。

🔍 このファイルは、ファイルの種類「Word97-2003
文書」、印刷の向き「横」、余白「狭い」の設定を
すでにしています。

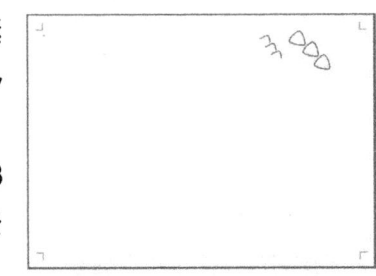

✏️ **トレースしたい画像を探しましょう。**

🔍 インターネットなどから、作りたい画像を探しましょう。

🔍 ワードにその画像を貼り付けましょう。

🔍 ワードに貼り付けた画像をクリックし、「図
ツール」→「書式」→「文字列の折り返し」
を「前面」にし、「背面へ移動」→「最背面
へ移動」をクリックしましょう。

🔍 個人的に使うだけ（私的利用）なら、画像を
勝手にコピーしたり、編集・加工したりしても、著作権侵害にはなりません。ただ
し、勝手にコピーしたものやコピーしたものを加工したものを、ネットで公開する
など、不特定多数の人が見られる状態にすることは、私的利用の範囲を超え、著作
権侵害になるので、気をつけてください。

✏️ **雛形の図形の作成**

🔍 共有フォルダから取得したワードファイルには、すでに雛形の図形を作成していま
す。この項目は飛ばして **OK** です。

🔍 「挿入」→「図形」→ ⌒ で曲線を引きましょう。

🔍 線の上で「右ボタン」→「閉じたパス」をしましょう。

🔍 見やすくするため、線の色を赤などに変えておきましょう。

🔍 作った雛形の図形を増やしておきましょう。

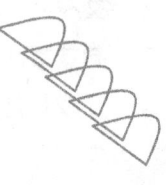

🖋 図形の形の変え方

　💬 線の上で「右ボタン」→「頂点の編集」をすると、図形の頂点が黒い小さい四角で現れます。

　　　▫ 移　動：　　　頂点の上で左ボタン押しながら移動をすると、
　　　　　　　　　　　頂点を移動することができます。
　　　▫ 頂点の追加：　追加したい線の上で左ボタン押しながら移動をすると、
　　　　　　　　　　　頂点が追加されます。
　　　▫ 頂点の削除：　頂点の上で「右ボタン」→「頂点の削除」で削除できます。
　　　▫ 線を伸ばす：　線の上で「右ボタン」→「線分を伸ばす」で伸ばせます。
　　　▫ 開いたパス：　開きたい図形の辺の上で「右ボタン」→「開いたパス」。

🖋 画像の形をトレースします。

　💬 雛形の図形を、使うところに乗っけていきます。（下の左の画像）
　💬 乗っけた図形をそれぞれの形になるように変えましょう。（下の真ん中の画像）
　💬 後ろの画像を消すと、線だけ残ります。（下の右の画像）

🖋 画像の色の取得

　💬 Windows に標準で入っている「ペイント」を開きましょう。

　💬 ワードの画像の上で「右ボタン」→「コピー」し、ペイントの左上の「貼り付け」をクリックしましょう。ペイントに画像が貼り付きます。

　💬 スポイトツール 🖊 を選び、画像の中の使いたい色をクリックしましょう。

　💬 一番右側の  をクリックし、出てくるウィンドウの右下の

赤(R): 135
緑(G): 112
青(U): 90

が色の情報です。

✐ 図形に色を付けましょう。

　　Q ワードで図形をクリックし、

　　　　▪ 「描画ツール」→「書式」→「図形の塗りつぶし」で、図形の内側の色
　　　　▪ 「描画ツール」→「書式」→「図形の枠線」で、図形の周りの線の色
　　　が変わります。色を変えてみましょう。

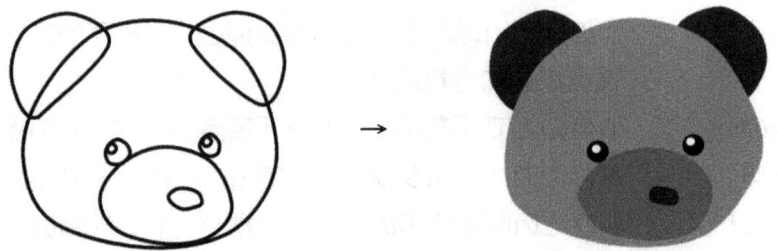

　　Q 「図形の塗りつぶし」や「図形の枠線」で、「その他の色」→「ユーザー設定」の

赤(R):	128
緑(G):	128
青(B):	128

で調べた色の数値を入れれば、同じ色になります。

　　Q 図形の周りの線の太さは、「描画ツール」→「書式」→「図形の枠線」→「太さ」
　　　で変えられます。

✐ 図形のグループ化

　　Q 色付けが終わり、完成したら、図形全体をひとかたまりにしましょう。

　　Q 「ホーム」→「選択」→「オブジェクトの選択」をクリックし、
　　　図形全体を選択しましょう。

　　Q 図形の上で「右ボタン」→「グループ化」→「グループ化」をします。
　　　そうすると、複数の図形が１つになります。

　　Q グループ化を解除したい場合は、
　　　図形の上で「右ボタン」→「グループ化」→「グループ解除」。

✐ 課題： 【3】 イラスト素材

　　Q 自由に画像を探し、ワードの図形ツールを使い、その画像をトレースしましょう。
　　Q 頂点の編集ができる図形を７個以上使いましょう。
　　Q 完成したワードファイルを Oh-o! Meiji で提出しましょう。

第 7 回　Excel 応用 データベースの作成

アンケートに答え、皆のアンケートデータを合わせ、データベースを作成します。

✎ アンケートに答える。

  🔍 共有フォルダにある「回答ファイル.xls」を各自の授業用フォルダに保存します。

  🔍 回答ファイルのアンケートに答えましょう。

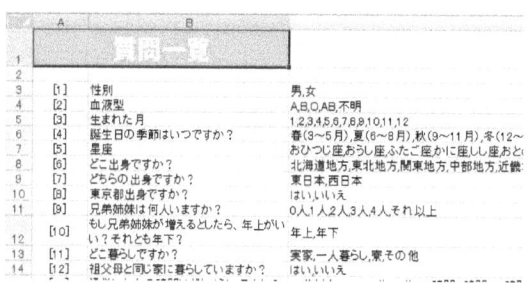

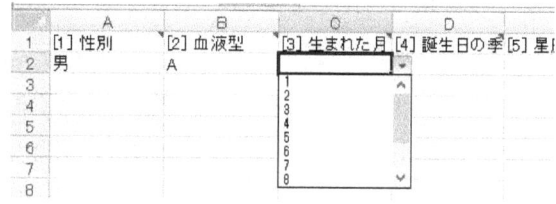

✎ データベースの作成

  🔍 答え終わったら「csv 形式」で保存します。ファイル名は適当な名前にしましょう。
    ▪ csv 形式：　メモ帳などで読める形式。カンマで区切られています。

  🔍 こちらで指定するフォルダにそのファイルを移動します。

  🔍 皆のファイルが入ったフォルダを「デスクトップ」に移動します。

  🔍 みんなのデータファイルの結合
    ▪ 「スタート」→「すべてのプログラム」→「アクセサリ」→「コマンドプロンプト」を起動します。
    ▪ コマンドプロンプトで、「c:」と打ちます。
    ▪ 「cd 」と打ち、コピーしたフォルダを「コマンドプロンプト」にドラッグ&ドロップします。そして、Enter キーを押します。
    ▪ 「 <u>copy *.csv data.csv</u> 」と打ち込み、Enter キーを押します。
    ▪ 全てのファイルが結合されて、フォルダの中に「data.csv」が作られます。

  🔍 data.csv をダブルクリックして、ファイルを開きましょう。

  🔍 血液型のところのセルをクリックし、「データ」→ ↓↑ で並び替えをしましょう。

  🔍 重複する行を削除しましょう。

✎ 次回、すべてのクラスのアンケートファイルを合わせたデータベースを渡し、それを分析します。

第 8~9 回　Excel 応用 データ分析

皆が答えたアンケート回答データをまとめたデータベースを分析します。
統計関数、ピボットテーブル、グラフなどを使用します。

✎ 集計データのファイル

- 🔍 共有フォルダにある「集計データ.xlsx」を各自の授業用フォルダに保存しましょう。

- 🔍 シート

  - ▨ 「質問一覧」シート：　質問とその選択肢の一覧です。
  - ▨ 「データ」シート：　皆に答えてもらった回答をまとめたデータベースです。
  - ▨ 「練習」シート：　　課題を行なうための練習を行ないます。
  - ▨ 「課題」シート：　　「課題1」「課題2」「課題3」があります。
    すべて行ないましょう。

	A	B	C	D	F	F	G	H	I
1	[1] 性別	[2] 血液型	[3] 生まれ	[4] 誕生日の季	[5] 星座	[6] どの地方の	[7] 東日本と西	[8] 出身地は	[9] 兄弟は何
2	女	A	10月	秋（9~11月）	てんびん座	関東地方	東日本	東京	2人兄弟
3	女	A	10月	秋（9~11月）	さそり座	関東地方	東日本	東京	4人兄弟
4	女	A	10月	秋（9~11月）	さそり座	海外	その他	その他	3人兄弟
5	女	A	10月	秋（9~11月）	てんびん座	関東地方	東日本	東京	3人兄弟
6	女	A	10月	秋（9~11月）	てんびん座	関東地方	東日本	神奈川	2人兄弟
7	女	A	10月	秋（9~11月）	てんびん座	九州地方	西日本	その他	2人兄弟
8	女	A	10月	秋（9~11月）	てんびん座	関東地方	東日本	千葉	2人兄弟
9	女	A	10月	秋（9~11月）	さそり座	関東地方	東日本	埼玉	2人兄弟
10	女	A	10月	秋（9~11月）	てんびん座	関東地方	東日本	神奈川	3人兄弟
11	女	A	11月	秋（9~11月）	さそり座	関東地方	東日本	神奈川	1人っ子
12	女	A	11月	秋（9~11月）	さそり座	近畿地方	西日本	その他	3人兄弟
13	女	A	12月	冬（12~2月）	いて座	中部地方	東日本	その他	2人兄弟
14	女	A	12月	冬（12~2月）	いて座	関東地方	東日本	東京	2人兄弟

- 🔍 注意：　ここでは、過去のデータベースを使用して、使い方を説明しています。
  実際使用するデータベースでの結果とは異なります。ご了承ください。

✎ 人数を数える　　　COUNTIF 関数

- 🔍 人数を入れるセルを選択し、「数式」→「その他の関
  数」→「統計」→「COUNTIF」を選び、検索条件を
  人数のセルの左の「春」のセルにし、範囲を「データ」
  シートの該当する列を選択します。

- 🔍 春の人数の書かれたセルをコピーし、他の季節のとこ
  ろに貼り付けます。

[38] 好きな季節	
季節	人数
春	
夏	
秋	
冬	

✎　グラフ

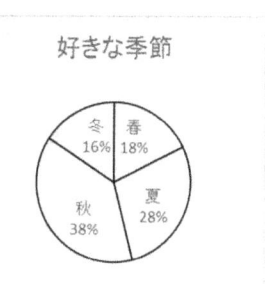

好きな季節

- Q　季節の名前と人数のところ（2×4＝8 マス）を選択します。
- Q　「挿入」→ 🍕▾（円グラフ）で、グラフの種類を選びます。
- Q　「グラフツール」→「デザイン」→「クイックレイアウト」
  の左上を選びます。

✎　特徴を探す。ピボットテーブル

- Q　「データ」シートを開き、値の入った適当なセルを 1 つ選択します。

- Q　「挿入」→「ピボットテーブル」をクリックし、
  出てきたウィンドウは「OK」します。

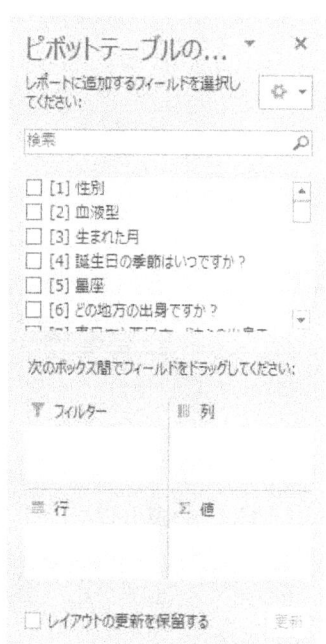

- Q　ワードの右側に右の図のようなものが出てきます。

- Q　上にある質問をドラッグ&ドロップで、下にある
  「行」、「列」、「値」に入れます。

- Q　例えば、「行」に「占いを信じますか？」、「列」に「ど
  の季節が好きですか？」、「値」に「性別」を入れま
  す。今回は人数を出すだけなので「値」はどの項目
  を入れても大丈夫です。

- Q　そうすると、以下のような表が出来上がります。

個数 ／ [1] 性別	列ラベル ▾				
行ラベル ▾	夏	秋	春	冬	総計
いいえ	21	28	7	12	68
はい	22	30	20	12	84
総計	43	58	27	24	152

- Q　行ラベルや列ラベルの文字の横の▼をクリックし、項目のチャックを外すと、
  その項目を消すことができます。

- Q　表の中をクリックし、「挿入」→ ▐▌▾ → ▭ （100%積み上げ横棒）を選び、
  グラフを作りましょう。これからグラフを見ながら分析をしていきます。

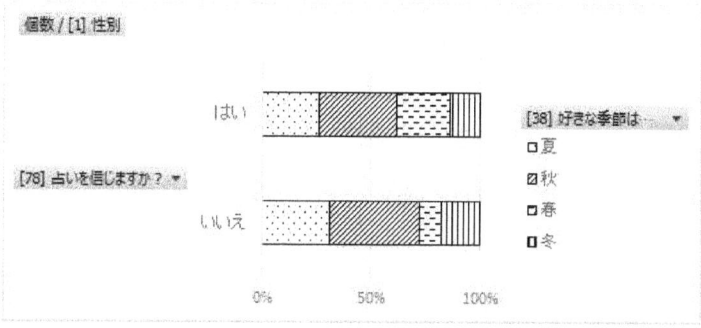

このグラフを見ると、春が好きな人
の占いを信じる割合は、春が好きな
人の占いを信じない割合より多いこ
とが分かります。（グラフは夏、秋、
春、冬の順になっており、春は左か
ら 3 番目のところです。）このことか
ら、春が好きな人は「占いを信じる」
傾向があることが分かります。

ピボットテーブルの行・列の項目を変えると、自動的にグラフも変わります。

特徴のあるパターン

「性別」と「どこのコンビニが好きですか？」

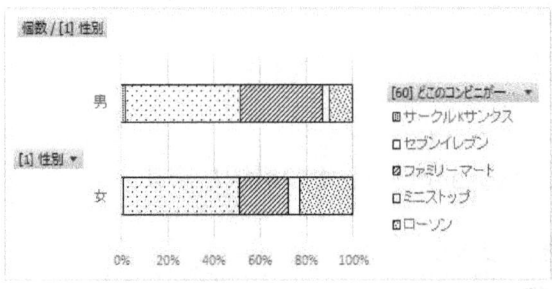

男性のファミリーマート好きの割合は、女性のその割合より大きく、また、女性のローソン好きの割合は、男性のその割合より大きいです。よって、男性はファミリーマートが好きで、女性はローソンが好きな傾向があることがわかります。

「血液型」と「ペットを飼っていますか？」

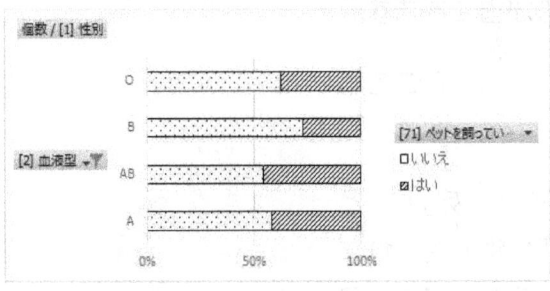

B型のペットを飼っていない割合は、他の血液型に比べ、大きいです。
よって、B型はペットを飼わない傾向があり、ペットが好きではないと推測できます。

特徴のないパターン

「性別」と「負けず嫌いですか？」

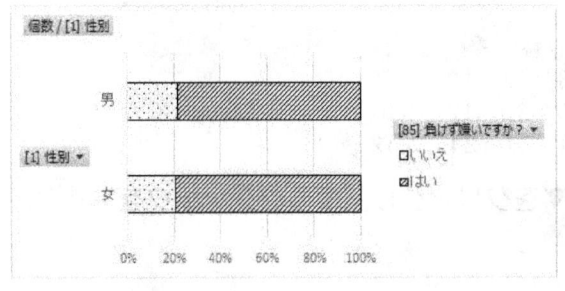

男性と女性の負けず嫌いの割合は、ほぼ一緒です。
この場合は、性別と負けず嫌いの間には関係がないということになります。

「血液型」と「晴と雨どちらが好きですか？」

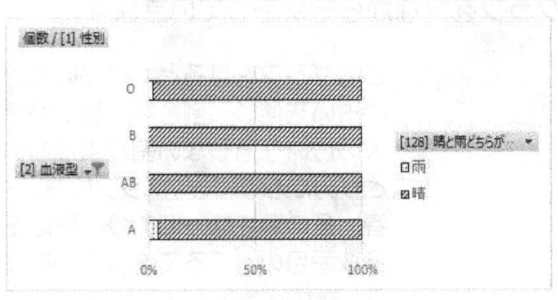

どの血液型においてもほとんどの人が晴好きなので、血液型と天気の好みの間には関係がないことが分かります。これも特徴なしです。

✏ ベスト３を求める。ピボットテーブル

🔍 「データ」シートを開き、値の入った適当なセルを１つ選択します。

🔍 「挿入」→「ピボットテーブル」をクリックし、出てきたウィンドウは「OK」します。

🔍 「行」に「好きなディズニーキャラクター
は？」、「値」に「性別」を入れます。

行ラベル	個数 / [1] 性別
ドナルドダック	33
ミッキーマウス	15
プーさん	14
その他	14
チップとデール	12
アリエル	8
ミニーマウス	7
トイストーリー	6
プルート	5
ダンボ	5
白雪姫	4

🔍 出てきた表の個数のところのセル１つを選択
し、「右ボタン」→「並び替え」→「降順」に
します。そうすると右のような表になります。

🔍 上３つのキャラクターの名前のセルを選択し、「右ボタン」→「コピー」します。

🔍 貼り付けるセルを選択し、「右ボタン」
→「形式を選択して貼り付け」→「値」
を選び、「OK」をクリックします。

[153] 好きなディズニーキャラクター ベスト3

1 位	ドナルドダック
2 位	ミッキーマウス
3 位	プーさん

✏ 課題：　【４】　データ分析

🔍 「集計データ.xlsx」の「課題１」「課題２」「課題３」をすべて行ないましょう。

- 課題１の①：　countif を使って、人数を数えましょう。
- 課題１の②：　グラフを描きましょう。

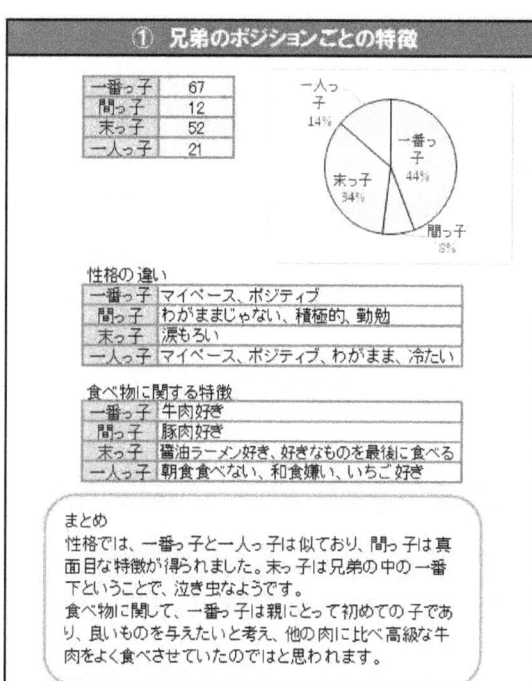

- 課題２の①：　ピボットテーブルを使って
それぞれの特徴を求めましょう。

- 課題２の②：　ピボットテーブルを使って
それぞれのベスト３を求めましょう。

- 課題３：　課題１、課題２で行なった分析
以外の事柄について、データを分析し、表
やグラフなどを用いて、分かったことを
書きましょう。（２つ以上）
左の図は、課題３のサンプルです。

🔍 完成したら「集計データ.xlsx」を
Oh-o! Meiji で提出しましょう。

第 10~11 回　ホームページ作成 トップページの作成

HTML の基礎を学びながら、トップページの作成を行ないます。

✎ ホームページを公開するまでの作業

- ◯ ホームページを作成する。
  - ▦ ホームページは、HTML 言語で記述されています。
      - HTML： Hyper Text Markup Language
  - ▦ ホームページを作成する方法は、いくつかあります。
      1. ホームページ作成ソフトを使って作る。（ホ-ムヘﾟ-ｼﾞ ﾋﾞ ﾙﾀﾞ-、ﾜ-ﾄﾞ など）
      2. テキストエディッタを使って作る。（タグで書く。）
  - ▦ この授業では、後者の「テキストエディッタを使って作る（タグ）」で作成します。

- ◯ ホームページを Web サーバにアップロードする。
  - ▦ アップロード：自分のコンピュータのファイルをネット上のサーバへ転送すること。
  - ▦ 作成したホームページをインターネットに繋がっている人達が見られるようにするには、作成したホームページを Web サーバに置く必要があります。（ファイル転送）

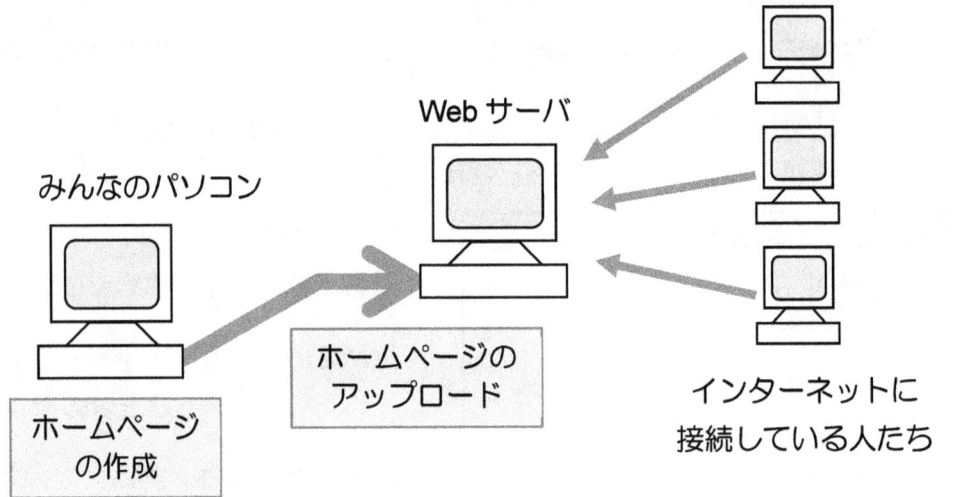

✎ HTML (Hyper Text Markup Language) とは？

- ◯ Web ページを記述するための言語です。
- ◯ HTML には、ホームページの背景、文字、画像などを設定する「タグ」というものが用意されています。
- ◯ HTML で書かれたファイルの名前は、???.html や ???.htm の形にします。

✏ HTML のタグの紹介

機　能	タグ名	説明や例
基本タグ	\<html\>	ホームページの最初と最後に書きます。 最後は\</html\>とします。
タイトル	\<title\>	\<title\>？？？の部屋\</title\>
基本タグ	\<body\>	本文を囲みます。背景などを指定できます。
見出し	\<h1\>～\<h6\>	タイトルなどに使います。 \<h1\>ホームページについて\</h1\>
フォント	\<font\>	文字の大きさ、色などが指定できます。 \<font size=+2 color=red\>文字\</font\>
太字、斜体、下線	\<b\> \<i\> \<u\>	\<b\>太字\</b\>　\<i\>斜体\</i\>　\<u\>下線\</u\>
動かす	\<marquee\>	\<marquee\>文字や画像\</marquee\>
箇条書き	\<ul\> \<li\>	\<ul\> \<li\>あああ \<li\>いいい \</ul\>
改行	\<br\>	改行です。
リンク	\<a\>	\<a href="http://www.meiji.ac.jp"\>明治大学\</a\>
表	\<table\> \<tr\> \<td\>	\<table\>～\</table\>　表全体 \<tr\>～\</tr\>　1 行分 \<td\>～\</td\>　1 マス分
画像	\<img\>	\<img src="./gazou.jpg"\>
中央揃え	\<center\>	\<center\>文字\</center\>
段落	\<p\>	\<p align=right\>文字\</p\> right の指定で、文字列が右に寄ります。

🔍　参考サイト：　とほほのWWW入門（http://www.tohoho-web.com/www.htm）

✏ ホームページの書き始め

```
<html>
<title></title>
<body>




</body>
</html>
```

\<title\>と\</title\>の間に、
ページのタイトルを入れます。

ホームページの内容は、
\<body\>と\</body\>の間に書きます。

✎　トップページの作成

- 各自の授業用フォルダに「local_html」というフォルダを作成しましょう。

- 2つの画像ファイルを用意します。
  - 絵のファイル：イラスト素材の絵を使います。　ファイル名：　main.png
  - 背景画像のファイル：Photoshop で作ります。　ファイル名：　back.gif

- イラスト素材の絵を PNG 形式に保存します。
  - イラスト素材のワードファイルを開き、作成したイラスト素材の絵を選択し、「右ボタン」→「コピー」し、「右ボタン」→　🖼️　（図）で貼り付けましょう。
  - 貼り付けた画像をクリックし、図ツールの書式タブをクリックし、「文字列の折り返し」→「前面」にしましょう。
  - 貼り付けた画像の上で「右ボタン」→「図として保存」をクリックし、保存先を「local_html」にし、ファイル名を「main」で保存しましょう。

- 背景画像の作成
  - Photoshop を起動します。「スタート」→「プログラム」→「Adobe」→「Photoshop CS」
  - 「ファイル」→「新規」をし、サイズを 30 pixel×30 pixel にしましょう。
  - 模様を描きましょう。　GIF 形式で保存します。ファイル名は、back.gif

- index.html ファイルの作成
  - 「local_html」のフォルダを開き、フォルダの白いところで「右ボタン」→「新規作成」→「テキストドキュメント」をクリックし、ファイル名を「index.html」にしましょう。
  - この index.html を「TeraPad」と「Chrome」の2つのソフトで開きます。画面全体の左半分を「Chrome」、右半分を「TeraPad」にしましょう。

- ホームページの書き始めを書きましょう。（前のページ参照。）
  <title>と</title>の間に、ページのタイトルを書きましょう。

- 背景を変えましょう。body を下のようにしましょう。

```
<body background="./back.gif" style="margin:20pt;">
```

- トップページのタイトル文字：　文字の色、フォント、文字の大きさを変えます。

```
<font color=red style="font-family:'メイリオ'; font-size:30pt;">？？？</font>
```

- marquee で画像を動かします。

```
<marquee direction=left height=180>
<img width=200 src="./main.png">
<img width=100 src="./main.png">
<img width=50 src="./main.png">
</marquee>
```

改行を2つ入れます。 | `<br><br>`

表を使ってリンク集を作成します。下のソースを参考に、`<table border=0 bgcolor=yellow cellpadding=8 cellspacing=3>`から`</table>`までを書き、トップページを完成させましょう。

```
<html>
<title>わたしのほーむぺーじ</title>

<body background="./back.gif" style="margin:20pt;">

<font color=red style="font-family:'メイリオ'; font-size:30pt;">
ワタシの HomePage
</font>

<marquee direction=left height=180>
<img width=200 src="./main.png">
<img width=100 src="./main.png">
<img width=50 src="./main.png">
</marquee>

<br><br>

<table border=0 bgcolor=yellow cellpadding=8 cellspacing=3>
<tr bgcolor=#FFFFBB>
<td colspan=3>私のリンク集</td>
</tr>
<tr bgcolor=white align=center>
<td width=150><a target=_blank href="http://www.meiji.ac.jp/">明治大学</a></td>
<td width=150><a target=_blank href="http://local.kisc.meiji.ac.jp/~ユーザ名/MySketch
/">私のブログ</a></td>
<td width=150><a target=_blank href="http://www.yahoo.co.jp/">Yahoo</a></td>
</tr>
<tr bgcolor=white align=center>
<td width=150><a target=_blank href="http://www.tohoho-web.com/www.htm">とほほの WWW
入門</a></td>
<td width=150><a target=_blank href="https://oh-o2.meiji.ac.jp/">Oh-o! Meiji</a></td>
<td width=150><a target=_blank href="http://www.google.co.jp/">Google</a></td>
</tr>
</table>

</body>
</html>
```

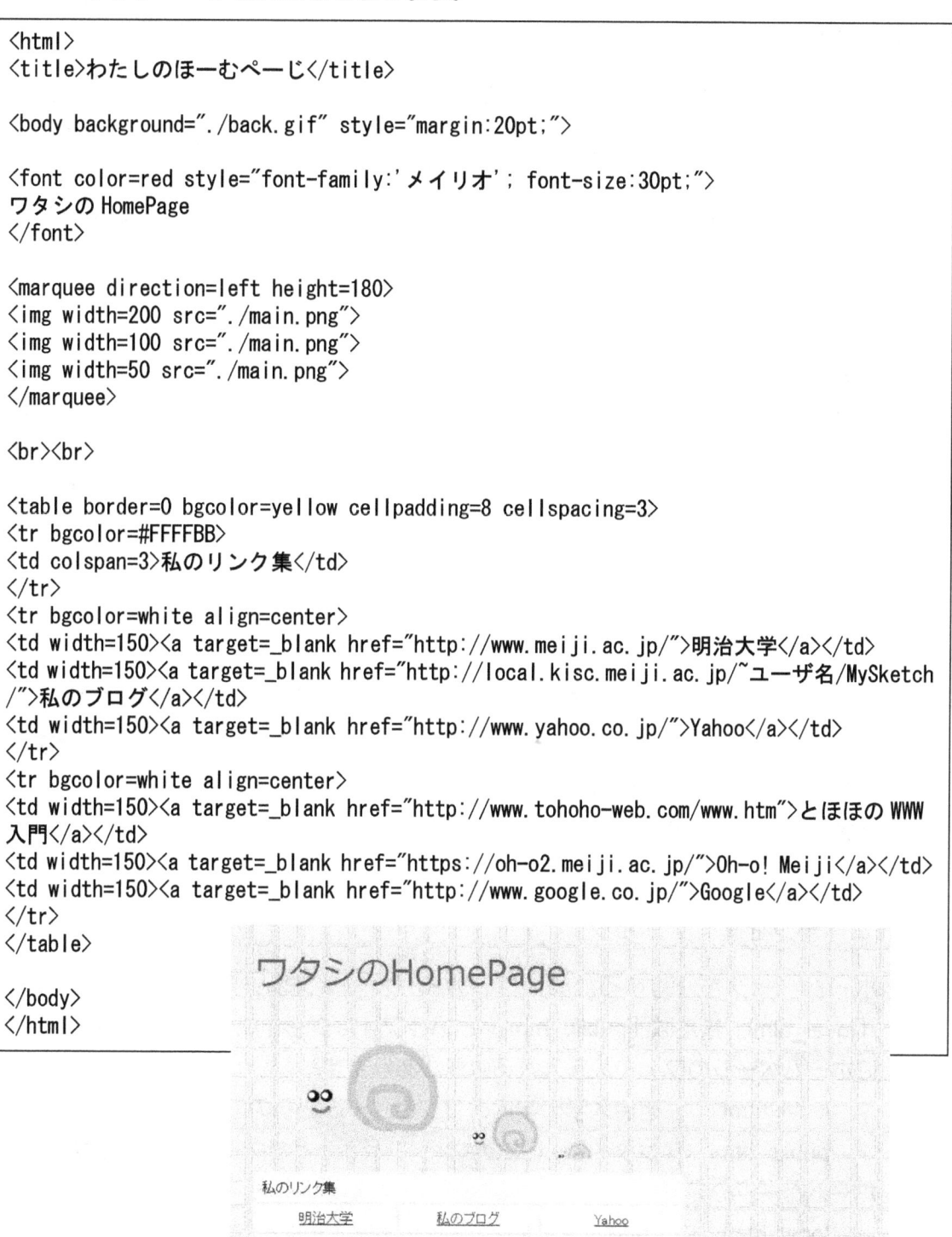

第 12 回　ホームページ作成 ファイル転送

ファイル転送とブログ設置の準備として CGI と UNIX についても学びます。

✏️ ファイル転送

- 明治大学において、ホームページを公開するためには、「　　　　　　　　」という コンピュータに、作成したホームページをファイル転送する必要があります。
- ファイル転送ソフトとして、「FFFTP」というソフトを使います。
- 左下の ⊞ →「すべてのプログラム」の中から「FFFTP」を起動しましょう。
- 下記の画面が出てきます。

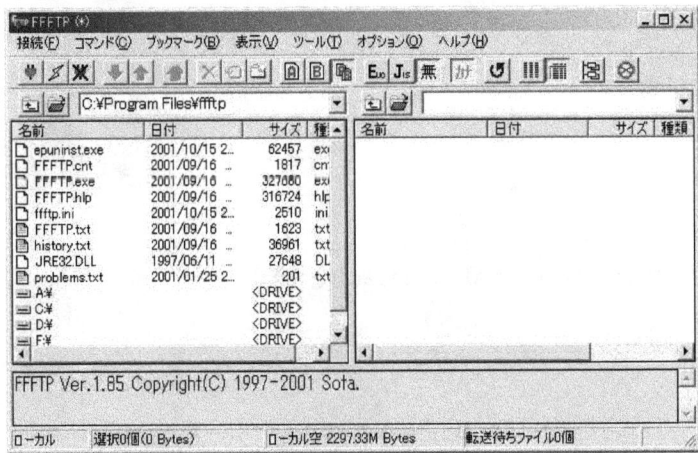

- ✎ をクリックし、ホスト名を確認し、ユーザ名・パスワードは入れます。
- 画面の左側が今使っているコンピュータで、右側が接続先のコンピュータです。
- 右側・左側それぞれ、転送したいファイルがあるフォルダに移ります。
- 左側でファイルを選んで、左ボタン押しながら、右側の方にマウスを移動し離します。これでファイル転送されます。

✏️ ホームページを置くフォルダ

- ホームページを公開するためには、Web サーバの個人領域のトップの場所で 「local_html」または「public_html」というフォルダを作成し、そのフォルダの中にホームページのファイルを入れる必要があります。
  - local_html　：　明治大学の学内のコンピュータからのみ見ることができます。
  - public_html　：インターネットにつながっていれば、どこからでも見ることができる。
- ホームページのアドレス
  - local_html　：　http://local.kisc.meiji.ac.jp/~ユーザ名/
  - public_html　：　http://www.kisc.meiji.ac.jp/~ユーザ名/

ホームページ公開における注意

- ホームページを公開することは、新聞に載せることやテレビで放送していることと同じであることに注意しましょう。すなわち、世界中のいろいろな人に見られるということです。自分の個人情報（名前、住所、電話番号など）、他人の個人情報を載せないようにしましょう。

- 誹謗中傷を載せないようにしましょう。訴えられる可能性があります。マナーとして行なわないようにしましょう。

- 他人が作成したものは、著作者の許可なしにホームページに載せることはできません。他のホームページにある画像やキャラクターなど他人が作成したものを自分のホームページで使いたい場合は著作者の許可が必要となります。

CGI とは？

- これから設置するブログは CGI という仕組みを用いて作られています。

- CGI は、Common Gateway Interface の略です。
  Web サーバでプログラムを動かすための「ルールと仕組み」です。

- CGI を実装するのに、Perl が良く使われています。Perl は、テキスト処理に強い言語です。　参考ページ：http://www.tohoho-web.com/wwwcgi1.htm

UNIX の基礎

- 明治大学の Web サーバで CGI を設置するためには、UNIX での操作が必要です。（CGI のファイルの許可権を変えるため）

- 許可権：　ファイルやフォルダ（ディレクトリ）に対して、所有者、グループの人、その他の人に対する読み(r)、書き(w)、実行(x)の設定ができます。

例：所有者に読み書きを、グループに読みの許可を与え、その他は何も許可を与えない場合

所有者			グループ			その他		
r	w	x	r	w	x	r	w	x
1	1	0	1	0	0	0	0	0
6			4			0		

10 進数	2 進数
0	0
1	1
2	10
3	11

10 進数	2 進数
4	100
5	101
6	110
7	111

所有者が 110、グループが 100、その他が 000 となり、これら 2 進数の数を 10 進数に直すと、所有者が 6、グループが 4、その他が 0 となります。

- UNIX のコマンド

  - ls　　　　　フォルダの中の情報を見る。
  - cd　　　　　フォルダの移動　　　　　　　　　「cd フォルダ名」
  - chmod　　　ファイルなどの許可権を変える。　「chmod ??? ファイル名」

第 12 回　ホームページ作成 ブログの設置

MySketch という Perl で作られたブログを設置します。

1. こちらで指定する場所から「MySketch」フォルダをデスクトップに移しましょう。

2. FFFTP を使って、　　　　　　　　　　　にファイル転送します。

   左下の ⊞ →「すべてのプログラム」の中
   から「FFFTP」を起動します。 ⚡ をクリッ
   クし、ホスト名を確認し、ユーザ名・パスワ
   ードは入れましょう。接続後、「local_html」
   をダブルクリックし、そこに「MySketch」フ
   ォルダをファイル転送しましょう。

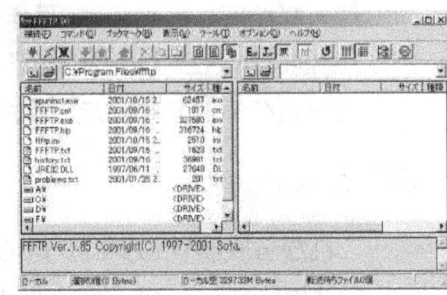

3. 次に、ファイルの許可権を変えます。
   Tera Term という遠隔操作するためのソフトウェアを使います。
   左下の ⊞ →「すべてのプログラム」の中から「Tera Term」を起動しましょう。

   ユーザ名、パスワードを入れて
   ログインします。ログインの後、

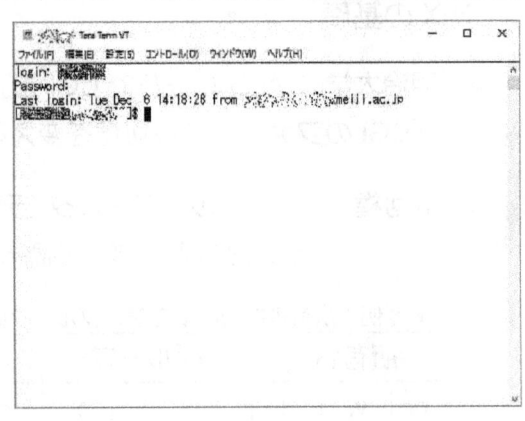

   ```
   cd   local_html
   cd   MySketch
   ```

   を打ち込み、MySketch フォルダへ
   移動します。cd はフォルダを移動
   するためのコマンドです。

4. 次に、以下を打ち込みます。chmod はファイルの許可権を変えるコマンドです。

   ```
   chmod   700   *.cgi
   chmod   700   ini
   chmod   755   inittmp
   chmod   700   Msm*
   chmod   600   ini/Config.cgi
   ```

5.   http://local.kisc.meiji.ac.jp/~ユーザ名/MySketch/ms.cgi
　　　を打ち込み、ブログにアクセスします。

▼ブログタイトル名	自由に決めましょう。
▼ユーザー名	ブログの管理ページに入る時に使います。
▼パスワード	半角英数字で自由に決めましょう。

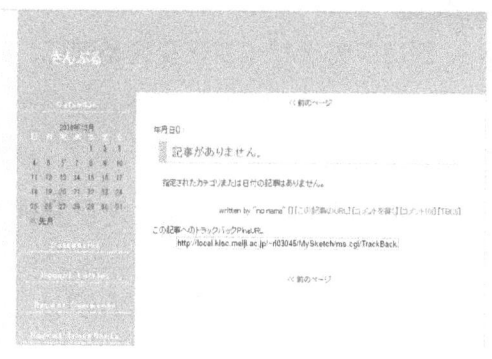

　　上記を記入し、「実行」をクリックし、
　　「Top へ」をクリックしましょう。
　　これで初期設定が終了です。

6.   記事を書いてみましょう。

　　※　左下の「ID」「Pass」で 5.で設定したユーザー名とパスワードを打ち込みましょう。「ログイン」をクリックすると、管理画面に移ります。

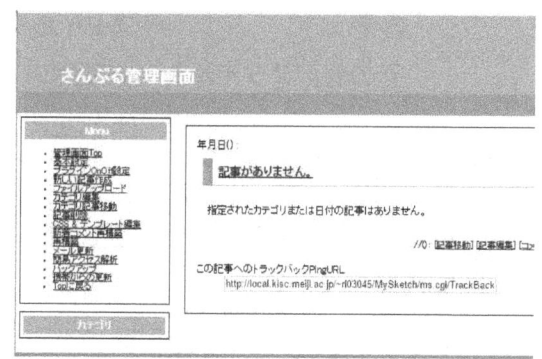

　　※　「新しい記事作成」をクリックし、「新規カテゴリ作成」のところで、「カテゴリ名」は半角で、「カテゴリ日本語名」は半角・全角 OK で入力し、カテゴリ名を決めましょう。（例：「カテゴリ名」diary「カテゴリ日本語名」日記）

　　※　「記事タイトル」、「記事内容」を書いて、「書き込む」をクリックすると、記事を書き込むことができます。

　　※　「Top に戻る」をクリックすると、ブログを確認できます。

7.   設定を修正しましょう。

　　※　「基本設定」をクリックし、「■ プラグイン[EazyAnalyzer]設定」を
　　　　「/ec/MySketch/ana.cgi」→「/~ユーザ名/MySketch/ana.cgi」
　　　　に変更しましょう。

8.   これでブログの設置が完了です。

第13回　ホームページ作成 スタイルシートの練習

ブログのデザインを変える前に、スタイルシートの練習をします。

✎ スタイルシートとは？

　🔍 ホームページの見栄えを記述したもの。

✎ 「スタイルシートの練習」フォルダ

　🔍 共有フォルダから「スタイルシートの練習」フォルダを、
　　　各自の授業用フォルダに移しましょう。

- meiji.html　　　　　　　ホームページファイル
- sample.css　　　　　　　サンプルのスタイルシートファイル
- CSS タグ.txt　　　　　　スタイルシートを適用するためのタグが書かれたファイル
- 参考　　　　　　　　　　スタイルシート関連ページへのリンクが入っているフォルダ。
- その他、スタイルシートで用いる画像など。

✎ スタイルシート適用前

　🔍 meiji.html をダブルクリックして
　　　開きましょう。

　🔍 スタイルシートの適用前で、
　　　見た目はシンプルです。

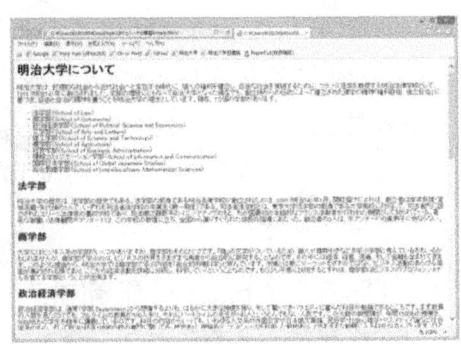

✎ サンプル用のスタイルシートのファイル

　🔍 sample.css は、こちらで用意したサンプル用のスタイルシートです。

✎ スタイルシートを適用します。

🔍 meiji.html に sample.css のスタイルを適用します。

🔍 meiji.html を「TeraPad」で開き、<head>と</head>の間に CSS タグ.txt に書かれた文章を貼り付けましょう。すなわち、meiji.html の中の

| <head>
</head> | を | <head>
<link rel="stylesheet" type="text/css" href="./sample.css">
</head> |

にしましょう。

✎ スタイルシート適用後

🔍 meiji.html を更新しましょう。

🔍 スタイルシート適用により、見た目が変わります。

✎ sample.css を変更して、見た目を変えてみましょう。

🔍 スタイルシートの一部の説明

▨ color	文字の色	▨ border	枠線
▨ font-size	文字の大きさ	▨ line-height	行間の幅
▨ margin	外側の余白	▨ background-image	背景の画像
▨ padding	内側の余白	▨ background-color	背景色

✎ 参考サイト：　「参考」フォルダにもリンクがあります。

🔍 WEB カラーチャート：　http://www.peko-step.com/tool/colorchart.html
　　▨ 色の RGB 情報などが調べられます。

🔍 とほほの WWW 入門：　http://www.tohoho-web.com/www.htm
　　▨ 「CSS リファレンス」でスタイルシートの情報、「色入門・色見本」で色情報が調べられます。

🔍 フリー画像素材サイトのリンク集（学内からのみアクセス可能）
　　▨ http://local.isc.meiji.ac.jp/~masashi/ の「フリー画像素材サイト」

第 13 回　ホームページ作成 ブログのデザイン編集

スタイルシートを使って、設置した CGI ブログのデザインを編集します。

✎ ブログのデザインの編集

- ❑ ブログを開きましょう。
  - ▪ http://local.kisc.meiji.ac.jp/~ユーザ名/MySketch/ms.cgi
  - ▪ ユーザ名：　　　　　　　　　　　

- ❑ ブログの左下のところで、ID・Pass を打ち込み、ログインをクリックし、ブログの管理ページへログインしましょう。

- ❑ 左側のメニューの「CSS & テンプレート編集」をクリックしましょう。

- ❑ 「mysketch.css」をクリックし、ここを編集します。編集したら、「書き込む」をクリックします。

- ❑ ブログを更新し、デザインを確認しましょう。

✎ 画像のアップロード

- ❑ フリー画像素材サイトなどから使いたい画像を探し、デスクトップ などに保存しましょう。

- ❑ ブログの管理ページの「ファイルアップロード」をクリックします。

- ❑ 下のほうの「アップロードファイル選択」で「参照」をクリックし、ファイルを選択します。選択したら、「アップロード」をクリックしましょう。

- ❑ スタイルシートで使う画像の URL は、アップロードした画像の横にある URL を使用します。URL の上で「右ボタン」→「リンクのアドレスをコピー」。

✎ ブログの管理ページへの ID・パスワードを忘れてしまった場合

- ❑ FFFTP でログインをし、「local_html」→「MySketch」→「ini」→「Config.cgi」をダブルクリックで開き、そこで確認をしましょう。

✎ スタイルシートの編集例

　　🔍 背景画像を入れる。　　body を編集します。

```
body{
        width: 100%;
        height: 100%;
        text-align:center;
        background-image: url( 画像の URL );
        background-repeat: repeat;
        margin: 0px;
}
```

　　🔍 タイトル部分を変える。　　div.head を編集します。

```
div.head{
        text-align: left;
        color: #ffffff;
        background-color: #99CCFF;
        padding: 60px 0px 40px 50px;
        margin: 0px 0px 0px 0px;
        font-size: 18px;
        font-family: 'HG 創英角ﾎﾟｯﾌﾟ体';
        background-image: url( 画像の URL );
        background-repeat: repeat;
}
```

　　🔍 見出しのデザインを変える。　　div.ShowDiary h3 を編集します。

```
div.ShowDiary h3{
        background-image: url( 画像の URL );
        background-repeat: no-repeat;
        padding-left: 43px;
        padding-top: 5px;
        margin-bottom: 5px;
        height: 25px;
}
```

　　🔍 箇条書きのマークを変える。　　ul を編集します。li を新たに追加します。

```
ul{
        text-align: left;
        margin-left: 1em;
        padding-left: 0.5em;
        list-style-image: url( 画像の URL );
}

li {
        padding-left: 10px;
}
```

✏ 配置図

🔍 body、div.head、div.menu、div.diary のスタイルシートを編集して、
それぞれの背景を変えましょう。

🔍 div.head 内

　　▫ 「わたしのブログ」のところは、「h1」のスタイルシートを編集します。

🔍 div.menu 内

　　▫ 「Categories」のところは、「div.menu h2」のスタイルシートを編集します。

　　▫ 「日記」の前の箇条書きマークは「ul」と「li」のスタイルシートを編集します。

🔍 div.diary 内

　　▫ 記事のタイトルの「いいい」のところは、「div.ShowDiary h3」のスタイルシー
　　　 トを編集します。

　　▫ 記事の内容の「いいいい…」のところは、「div.ShowDiary div.ShowDiary_show」
　　　のスタイルシートを編集します。

🔍 リンクの文字

　　▫ a:link：通常の時　　　　　　　　　　a:visited：すでに訪れている時

　　　a:hover：マウスが乗っている時　　　a:active：クリックされている時

- div.diary 内の[日記][この記事の URL]…のリンクの文字を変えたい場合
  - div.ShowDiary p.ShowDiary_date a:link などを新たに作りましょう。

- ブログで使われているタグを確認したい場合
  - ブログのページの上で「右ボタン」→「ページのソースを表示」で確認しましょう。
  - ソースで例えば<div class="body">は、スタイルシートの div.body に該当します。

- 完成例

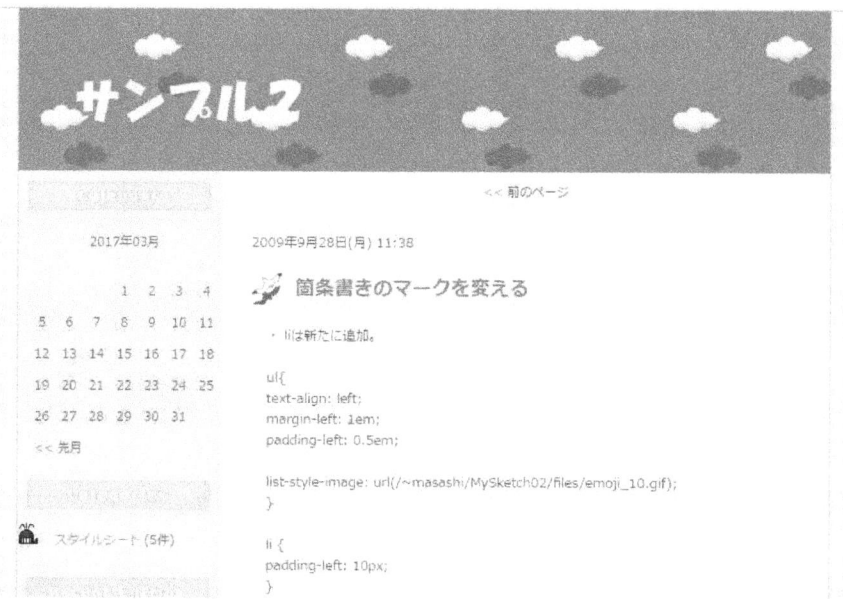

課題：　【5】　ブログのデザイン

- ブログを設置し、スタイルシートを編集し、
  ブログのデザインを１０ヶ所以上、変更しましょう。

- 背景などで画像を２つ以上使いましょう。

- このブログの課題は、こちらでページを確認しにいきます。

- 課題が終わったことを知らせてもらうために、
  Oh-o! Meiji にこちらで指定したファイル（ブログのデザイン、完成しました.txt）
  を提出しましょう。

第3章　その他

Word レジュメの形式

ワードでのレジュメの形式を学びます。

✎ 設　定

- 🗨 ファイルの作成
  - ▥ 各自の授業用フォルダの上で「右ボタン」→「新規作成」→「Word 文書」を選び、ファイル名を「レジュメの形式」にしましょう。

- 🗨 ページレイアウト
  - ▥ 「ページレイアウト」→「余白」を「狭い」にしましょう。
  - ▥ 「ページレイアウト」→「ページ設定」の右下の 🔲 で「標準の文字数を使う」に変更しましょう。

✎ 文字の貼り付け

- 🗨 こちらで用意したファイルの文字をコピーし、ワードに貼り付けます。

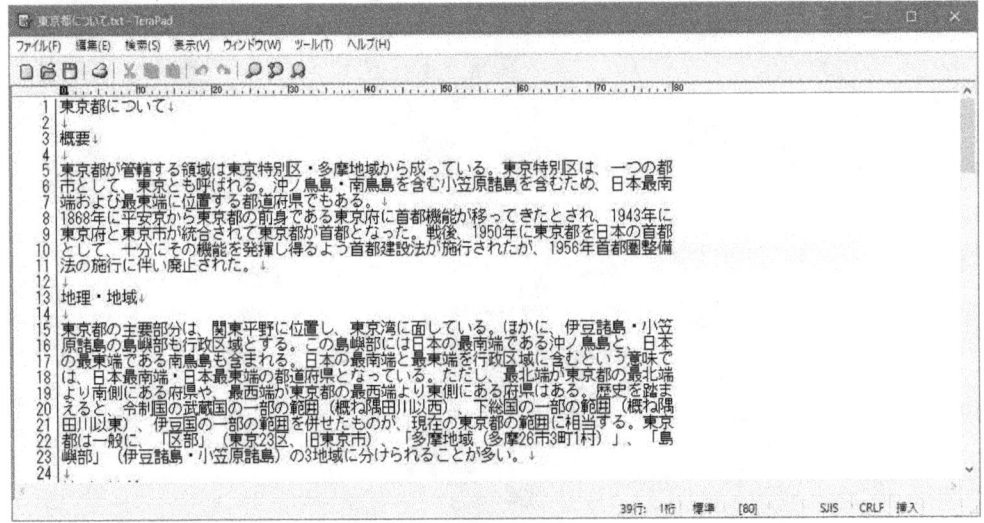

✎ 見た目の変更

- 🗨 所属や名前を書きましょう。（英語も）

- 🗨 フォントを変更しましょう。

- 🗨 タイトル部分：　　中央揃え、文字の大きさを変更しましょう。

- Abstract 部分：　　Abstract の文字を「中央揃え」にしましょう。

  - Abstract の文章を選択し、「ホーム」→「段落」の右下の で、インデントの左・右を「5 字」にしましょう。インデントの調整は、上部のルーラーの で調整することもできます。

- 本文部分
  - 段組み：　地理・地域の前にクリックし、「ページレイアウト」→「段組み」→「段組みの詳細設定」で「2 段組み」にし、設定対象を「これ以降」にしましょう。

  - 段落番号：　「地理・地域」「地形・地質」などの文字の行に「段落番号」を付けましょう。「ホーム」→

  - 脚注：　？？？大学の文字の後ろをクリックし、「参考資料」→「文末脚注の挿入」。「？？？キャンパス、？？？キャンパス、？？？キャンパスがあります。」と記入しましょう。

- サンプル

Word レポートの形式

ワードでのレポートの形式を学びます。

✎ 設　定

🔍 ファイルの作成

- 各自の授業用フォルダの上で「右ボタン」→「新規作成」→「Word 文書」を選び、ファイル名を「レポートの形式」にしましょう。

🔍 ページレイアウト

- 「ページレイアウト」→「余白」を「やや狭い」にします。
- 「ページレイアウト」→「ページ設定」の右下の 🔲 で「文字数と行数を指定する」で、文字数「40」、行数「35」に変更しましょう。

✎ 文字の貼り付け

🔍 こちらで用意したファイルの文字をコピーし、ワードに貼り付けます。

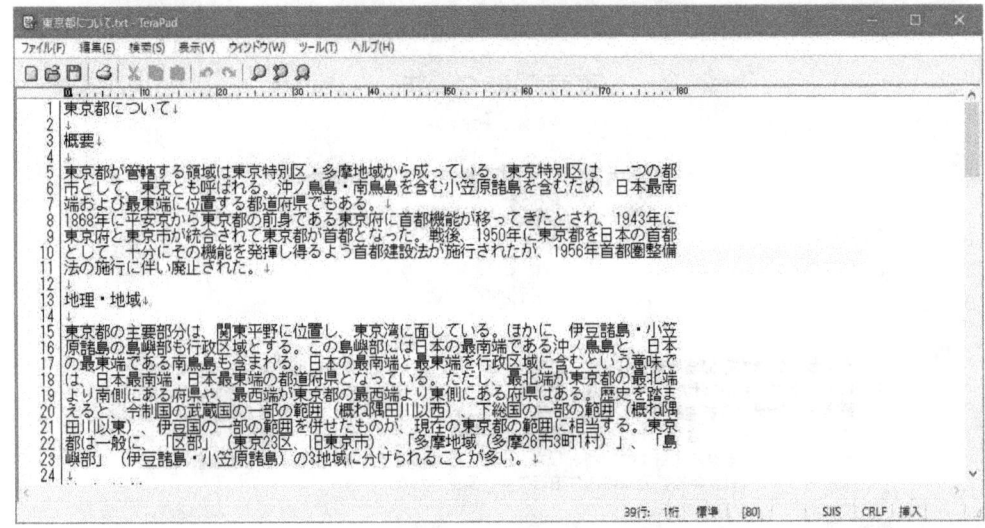

✎ 見た目の変更

🔍 全体の文字のフォントの変更。

🔍 文字を追加。右の文章を加えましょう。

🔍 タイトル部分の文字を「右揃え」や「中央揃え」しましょう。

作成日：　平成 29 年〇月〇〇日

東京都について

講義名（先生名）のレポート

？？？学部　？？？学科　？年　名前

（学生番号：？？？？？？？？？？）

スタイルの作成

- Abstract の前をクリックし、「ホーム」→「スタイル」の右下の ⬚ をクリックし、左下の ⬚（新しいスタイル）のボタンをクリックしましょう。

- 名前を「レポート用の章」、基準にするスタイルを「見出し1」にしましょう。文字を大きくし、太字にしましょう。

- 左下の「書式」→「箇条書きと段落番号」をクリックし、「箇条書き」→「新しい行頭文字の定義」→「図」→「インポート」で、何か適当な画像を選びましょう。選んだら「追加」をクリックし、次の画面で追加した画像を選び、「OK」→「OK」→「OK」します。

スタイルの適用

- スタイルを適用したい行をクリックし、「ホーム」→「スタイル」のところで作ったスタイルをクリックすると、適用されます。

スタイルの変更

- 「ホーム」→「スタイル」のところで変更したいスタイルの上で「右ボタン」→「変更」で変更できます。

ドロップキャップ

- Abstract の最初の「東」の前をクリックし、「挿入」→「ドロップキャップ」→「ドロップキャップのオプション」をクリックし、「本文内に表示」をクリック、ドロップする行数を「2」にして、「OK」をクリックしましょう。

画像の貼り付け

- ネットなどで貼り付けたい画像を探し、貼り付けましょう。

- 画像をコピーし、「ホーム」→「貼り付け」の▼→「形式を選択して貼り付け」で、貼り付ける形式を「ビットマップ」にして、OK をクリック。

- 画像をダブルクリックして、「文字列の折り返し」を「外周」にしてみましょう。

✏ フッターにページ番号

💻 「挿入」→「フッター」→「フッターの編集」をクリックし、「ページ番号」→
「ページの下部」→「番号のみ 2」。

💻 もし下に改行があれば、Delete キーで削除しましょう。

✏ ヘッダーに何か画像を入れましょう。

💻 ヘッダーをダブルクリックします。

💻 貼り付けたい画像をコピーし、「ホーム」→「貼り付け」の▼→「形式を選択して
貼り付け」で、貼り付ける形式を「ビットマップ」にして、OK をクリック。

💻 画像をダブルクリックして、「文字列の折り返し」を「前面」にし、
サイズや位置を変えましょう。

✏ サンプル

作成日：　平成 28 年〇月〇〇日

東京都について

講義名（先生名）のレポート
？？？学部　？？？学科　？年　名前
（学生番号：？？？？？？？？？？）

・💻 Abstract

東京都が管轄する領域は東京特別区・多摩地域から成っている。東京特別区は、一つの都市として、東京とも呼ばれる。沖ノ鳥島・南鳥島を含む小笠原諸島を含むため、日本最南端および最東端に位置する都道府県でもある。1868 年に平安京から東京都の前身である東京府に首都機能が移ってきたとされ、1943 年に後、東京府と東京市が統合されて東京都が首都となった。戦1950 年に東京都を日本の首都として、十分にその機能を発揮し得るよう首都建設法が施行されたが、1956 年首都圏整備法の施行に伴い廃止された。

・💻 地理・地域

東京都の主要部分は、関東平野に位置し、東京湾に面している。ほかに、伊豆諸島・小笠原諸島の島嶼部も行政区域とする。この島嶼部には日本の最南端である沖ノ鳥島と、日本の最東端である南鳥島も含まれる。日本の最南端と最東端を行政区域に含むという意味では、日本最南端・日本最東端の都道府県となっている。ただし、最北端が東京都の最北端より南側にある府県や、最西端が東京都の最西端より東側にある府県はある。歴史を踏まえると、令制国の武蔵国の一部の範囲（概ね隅田川以西）、下総国の一部の範囲（概ね隅田

www.ingramcontent.com/pod-product-compliance
Lightning Source LLC
Chambersburg PA
CBHW060453060326
40689CB00020B/4513